メイド服とレインコート

ブリティッシュ・ファッションの誕生

坂井妙子

勁草書房

1. 1905年ごろのエステティック・スタイルのドレス
Courtesy National Museums Liverpool

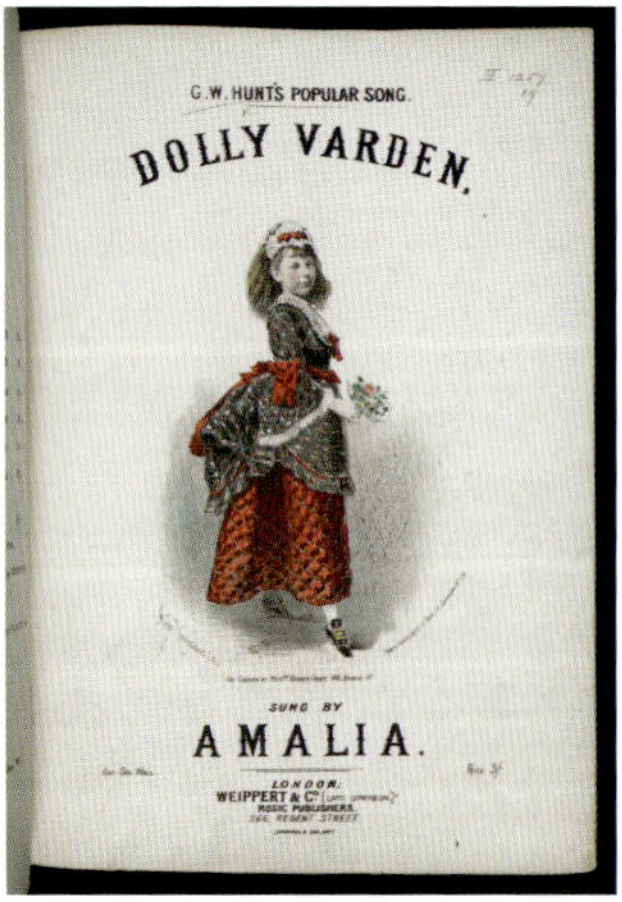

2. 上段　1890年から1910年ごろの乗馬服
Courtesy National Museums Liverpool

3. 下段左　G. H. ハント、「ドリー・ヴァーデン」（1871年）の表紙
©The British Library Board（H. 1257.(19)）

4. 下段右　ドリー・ヴァーデン・コスチュームの細部
Harris Museum and Art Gallery

目次

序　章　イギリス人とファッション……1
1　ブリティッシュ・ファッションとモダニティ　1
2　ロンドン、階級、ジェンダー　4
3　フランス人への対抗意識　8
第一章　ミドルクラスのファッション・センス……13
1　ミドルクラスを特徴付ける価値観　14
2　コルセット論争にも自己抑制　25
3　色彩コンプレックスの克服法　30
第二章　ホームズはレインコートで沼地を這い回る……41
1　防水コートの発達　42
2　ホームズ作品における防水コート　48
3　ファッション性　55
4　紳士の正しいファッション観　62

目　次

第三章　乗馬服でキリッと美しく……65
1　鞍の改良と乗馬の大衆化　66
2　テーラー・メイドの乗馬服が完成するまで　69
3　ブリティッシュ・ファッションへ　85
第四章　メイドのハンナはファッション嫌い？……93
1　雑役婦としてのハンナ　95
2　家事使用人問題とジェンダー規範の問題点　99
3　ハンナのファッション観　113
第五章　夏の海辺で、花柄のコットン・ドレス……121
1　ホロックス・ファッションズ　122
2　花柄コットン・プリントの発達　125
3　ドリー・ヴァーデン・コスチューム　130
第六章　イギリス人のアート感覚がファッションになる！……147
1　初期のエステティック・ドレス　147
2　リバティ商会の役割　150
3　イギリスらしさの新たな展開　164

おわりに　175
初出一覧　36
図版出所一覧　33
参考文献　22
注　1

序章　イギリス人とファッション

1　ブリティッシュ・ファッションとモダニティ

本著は「イギリスらしいファッション」の起源を一九世紀後半から一九二〇年ごろのイギリスに求め、その成り立ちと発展を考察する。この時期には、独特なチェック柄の裏地がついたトレンチコートとその大衆版のレインコート、日本でおなじみのメイド服、女性用のテーラードのスーツやその姉貴分である女性用乗馬服、夏の定番アイテム花柄のドレス、そして、ボヘミアンな「エステティック・ドレス」が生まれた。これらのファッションの多くはノスタルジアに満ち、安定や伝統を思わせる。それゆえ、特に日本人の目にはイギリスらしいファッションと映る。

しかし、これらのブリティッシュ・ファッションの最大の特徴は首都ロンドンで考案、開発され、すべてがイギリスのモダニティに根ざしていることだ。ジョセフ・デ・サピオによると、一八一五年から一九一四年までのロンドンは「都会のヒエラルキーの頂点」に君臨した。パリやワシントンを凌ぐその求心力は、「モダニティの希望、歴史の交差路、産業に対する不満の予兆、または、制約が緩んだこと」[1]によるという。実際、ロンドンは大英帝国、アメリカ、ヨーロッパ諸国のネットワークの中心であり、情報、テクノロジー、文化的生産物や人口の移動は、世界中に様々な形で影響を与え、グローバルな規模で「変化と論争」を巻き起こした。[2]ファッションも例外ではなかった。安定や伝統はむしろ後付けで、変化に富み、躍進的で、問題を孕んでいた。服飾史家、クリストファー・ブルワードも、ロンドンのファッションの特徴を「伝統、革新、オルタナティブと、スタイルの融合を同時に配慮すること」[3]と捉え、モダニティと深く結びつけている。

ブルワードの言う「伝統」とは、次のようなことだ。ロンドンは注文仕立てのスーツやシャツ、控えめだが完璧な細部が自慢の靴など、「伝統的なファッションの生産と小売の中心」と考えられている。しかし、実際にはこれらはかなり新しく、「一八世紀初頭にモダニティの支点として、この都市が改革された」[4]時期に端を発するという。一方、「革新」とは、「社会的、技術的、美的な革新」をもたらすファッションを指し、これも一八世紀初頭以降、ロンドンで目立った現象である。当時、ロンドンにおける衣料品生産は群を抜いており、様々な技術を持った労働者とその組織化が大規模な革新を可能にした。[5]一九世紀には、本著でも論じるように、防水コートや化学染料など、工業的モダニティの恩恵に浴した革新的な衣料が発明される。

「オルタナティブ」スタイルに関しても、一九五〇年代から七〇年代の戦後若者文化から生まれたファッションを意味するだけでなく、一八世紀以降、「驚くほど芝居掛かった一連のステレオタイプ」(6)が現れては消えていったとブルワードは主張する。これらは既存の衣服の制約に挑戦し、新たな文化的生産物としての地位を主張してきた。エステティック・ドレスはもっとも分かりやすい例の一つである。エッジの効いた、ある種の素人っぽさを信条とするスタイルで、ロンドンというモダンで巨大な都市――実験的なスタイルを許容する文化的成熟、販売、情報の集中、匿名性の確保――でこそ、試す価値のあるスタイルだ。また、一見、貴族的で保守的な女性用乗馬服も、ヒラヒラして動きにくい従来のドレスに代わる、実用的で美的なファッションとして広く受け入れられた。

一八世紀から二〇世紀までの間、ロンドンは帝国の首都だった。サピオによれば、ロンドンは「すべての基準の源泉」として象徴的役割を担い、そこを訪れるものはこの基準に照らして評価された(7)。したがって、ロンドンのファッションを受け入れること、ロンドン風に装うことは、大英帝国の臣民にとって、忠誠と帰属意識を表すことになったはずである。同時に、彼らもロンドンのファッションに変化――「スタイルの融合」――をもたらした。帝国の拡張に伴い、中国からは象牙の扇やシルク地、インド北部からはカシミア・ショール、アフリカ大陸からはダイヤモンドや金が流入した(8)。一九世紀の最後の四半世紀には、ロンドンのリバティー商会が東洋趣味のテキスタイルで裕福な顧客を魅了し、エステティック・ドレスの商品化に成功した。ブルワードが評するところでは、リバティーのドレスは「ロンドンのカウンターカルチャーの、芝居掛かって折衷的な傾向により自由を与えた(9)」という。

本書で扱うファッションは、これらモダニティの要素を複数含んでいる。レインコートと女性用乗馬服はともに、「伝統的な」テーラー・メイドの男性服をその先祖とし、技術的「革新」と、女性用乗馬服の場合には、従来のジェンダー観とは異なる次元でのスタイルの「融合」によって完成した。エステティック・ドレスは歴史的衣服の「伝統」を独自に改作した「革新性」と、その結果としての「スタイルの融合」でも際立っている。一見、モダニティとは関係なさそうな「メイド服」でさえ、女性家事使用人の制服として普及したのは、一九世紀半ば以降のことで、その発達には、ワーキングクラスの労働環境の「変化」と雇用者たるミドルクラスがしがみつく「伝統」的な家父長制の相克があった。清楚なイメージのメイド服だが、社会階級とジェンダーの既存の概念に異議申し立てをしたのである。花柄のドレスでは、古風な花柄チンツ製の「ドリー・ヴァーデン・コスチューム」を主に扱うが、短期間の流行にもかかわらず、プリント・コットンの「伝統」を再解釈し、ファッションを新たな年齢層・社会層に解放した「革新性」が既存のハイファッションに影響を与えた。

2　ロンドン、階級、ジェンダー

ところで、本書が扱う期間、特にヴィクトリア朝後期（一八七〇年代後半からヴィクトリア女王が亡くなる一九〇一年）に、ロンドンがファッションを発信する都市になったのには理由がある。一つには、パリの影響力の低下である。フランス・モードは一七世紀後半以来、絶対優位を誇っていたが、第二帝政の崩壊とフランス‐プロシア戦争（一八七〇―七一年）の影響で、一八七〇年代には、モードの中心地パリは孤立した[10]。そこに、ロンドンがモダンなファッションの都として名乗りをあげる余地が生まれたである。具体的には、ロンドンの高級紳士服仕立て屋が、女性のためのテーラード・スーツや乗馬服をデザインし、販売を始めた。男性服に伝統的に使われてきたウールを女性の街着に取り入れること、生地の性質上、色彩、スタイル、カットもおのずから男性服に近づくことになるが、保温性、耐久性、動きやすさは向上する。これを武器に、モダンなイギリスの女性にふさわしい服として売り出したのである。

さらに、ロンドンは多様な人種を引きつけ、魅了するコスモポリタン都市でもあった。ヴィクトリア朝期に書かれたガイドブックはこの都市の壮大さ、近代的な設備、地下鉄や乗合バスなどの公共交通機関の充実、清潔さ、治安の良さを賞賛しているが、何よりもロンドンにみなぎる活気と求心力に驚嘆した。B・マラバリは『インド人の目から見たイギリスの生活、または放浪する改良者』（一八九三年）の中で、主要ターミナル駅の一つであるロンドン・ブリッジ駅とマンション・ハウス界隈の様子を以下のように活写している。

私が訪れたヨーロッパの主要都市の中で、ロンドンは断然、交通量が多い。最も物流が混雑しているのはロンドン・ブリッジ駅付近で、人混みが最もひどいのはマンション・ハウスのあたりだ。ここでは、ほぼ全ての国籍の人々が川岸に突進したり、通りで取引をするのが見られる。ここには、世界中のものがあり、馬に引かれた巨大な荷車で運ばれる。[11]「馬に引かれた」という表現を除けば、現代のロンドンそのものと言っても良いくらいの活気が当時すでにあったことがわかる。『イングランドへの旅』（一八九二年）を執筆した歴史家、G・スミスは、特に大英帝国の臣民がロンドンの発展を支えると考え、「大英帝国とイングランドの商業的関係が、商取引コミュニティの代表者たちや、地球上のあらゆる場所から被支配民族を引き寄せ、ヒンズー教徒、ゾロアスター教徒、インドの水兵、どこにでも現れる中国人たちの様々な顔や服装は、ヨーロッパやアメリカの商人たちの寄せ集めと混じり合う[12]」と記した。

コスモポリタン都市としてのロンドンは、最新流行や最高級品を購入する場であり、それらを見せる舞台としても重要になっていった。[13]ハイドパークの馬車道、ロットン・ローは後者の典型で、カナダからの訪問者、カニフ・ヘイトは「社交シーズン中の晴れた日の午後は、ロンドンの富と美がここで見られる。見事な馬車と素晴らしい馬の様子は世界中のどんな都市でも見られないほどだ。[14]」と、田舎者丸出しで感嘆している。高級店が立ち並ぶウエスト・エンドの豪華さも圧巻であり、衒示的消費の聖地だった。G・スミスは次のように語っている。

どの方角でも、［ウエスト・エンドを］訪れる人は、通りに続く通り、家並みを飽きるまで歩き続けることになろう。そこは、全てが明らかに裕福な人たちの住処で、いくつかは本物の宮殿であ

> る。公園には立派な馬車が集まり、通りを塞ぎ、金持ちで陽気な人たちを乗せている。店は高価な品物で溢れかえり、贅沢の助けとなるものはすべて豊富にある。[15]

消費文化の中心としてのロンドン。そこで生み出されたモダンなファッションを本書は扱うのである。

注目すべきは、ロンドンのモダンなファッションを享受したのは、貴族よりもむしろ、ミドルクラスと呼ばれる中間層であり、しかも女性だったことだ。確かに、労働によって糧を得ているミドルクラスの人々は、アッパークラスの経済力——右に見たようなハイライフ——には遠く及ばない。しかし、ロンドンは「ミドルクラスの力とアイデンティティーの中心[16]」であり、モダンなファッションの消費を牽引したのは女性だった。すでに世紀半ばには、ガイドブックは鉄道を使って地方からロンドンを訪れる旅行客に向けて、「ショッピングはご婦人たちの特権です」と断言し、生地屋や小間物屋での買い物の仕方を事細かにアドバイスした[17]。一九世紀末までには、物を獲得することが階級指標の一つになり、何を買うべきかを決めるのは女性だった[18]。したがって、ミドルクラスの女性たちの商品に対する関心と評価、選択も、ブリテッシュ・ファッションの形成と発展に大きく影響を与えたのである。

3　フランス人への対抗意識

最後に指摘しておきたいことは、フランス人への対抗意識とコンプレックスも、ブリティッシュ・ファッションの形成に大きく関わった点である。リンダ・コリーによると、「イギリス国民」のアイデンティティーが形成されたのは、一七〇一年のスコットランド併合を定めた合同法からヴィクトリア時代が始まる一八三七年の間だが、それは一三〇年にも亘るフランスとの断続的で苛烈な戦争（スペイン継承戦争、オーストリア継承戦争、七年戦争、ナポレオン戦争他）が行われた時期であり、フランスに対する根深い敵対感情がイギリス人の国民意識を創ったという[19]。特に女性ファッションでは、一八世紀末以来、フランスへのコンプレックスと敵対心が入り混じり、妙な論法が繰り返されてきた。曰く、フランス人のファッション・センスは抜群だが、道徳心に欠ける。一方、良識はあるが、野暮ったい服装のイギリスのミドルクラスの女性という対比である[20]。これはパリの流行をイギリスのミドルクラス向けの雑誌が紹介する時に、顕著に現れたようだ。ヴァレリー・スティールは、フランスのファッション誌『ル・ジュルナル・デ・ダム・エ・デ・モード』掲載のファッション・プレートと、その数か月後に無断でロンドンの『レディーズ・マガジン』誌（一八〇一年二月）に転載された同プレートを比較し、後者は印刷の質が劣っているだけでなく、ドレスの胸元が「著しく慎ましくなっている」と指摘している[21]。

もっとも、男性服に関しては、様子が異なることを指摘しておく必要がある。合理性や自由、寛容を連想させたイギリスの男性服が、一八世紀半ばから末にフランスで熱狂的な支持を得た（アングロマニア）からである。(22) イギリスの男性服の「簡素さ」、「実用性」、「形式ばらないこと」が「イギリスらしさ」として称揚され、模倣されたのだ。しかし、ファッションとその消費が益々女性の占有になっていった一九世紀後半には、女性ファッションの改革こそ危急の課題となる。ミドルクラスの女性の道徳心だけで、「野暮ったい」、「垢抜けしない」という致命的な弱点を相殺することはできなくなったのだ。コンプレックスを克服する様々な努力、理論武装とその具体的成果がブリティッシュ・ファッションを発展させる原動力の一つになったのである。

以上を踏まえた上で、本論の流れを概略しておく。第一章では、ロンドンのモダンなファッションを牽引したミドルクラスに着目し、彼らの価値観とファッション観を押さえておく。具体的には、階級特有の理想がコルセット論争と色彩コンプレックスにどのように関わったのかを分析することで、イギリスらしさのプロトタイプを探る。第二章以降、個々のモダンなブリテッシュ・ファッションの考察に入る。読者がイメージしやすいように、時にフィクションの登場人物を交え、また、実在の人物の日記や回想録、現物資料を活用する。第二章「ホームズはレインコートで沼地を這い回る」では、男性用レインコートを考察する。男性用レインコートは一九世紀後半に改良を重ね、その後、現在に至るまで、イギリスを代表する衣服とみなされている。その開発が表象するイギリスらしさと、モダンなダンディズムをシャーロック・ホームズ作品を交えて考察する。第三章「乗馬服でキリッと美しく」では、女性用乗馬服の技術的発展と男性用スーツのコンセプトとの交渉から、イギリス人女性の新しい理想像を探る。

第四章「メイドのハンナはファッション嫌い?」では、対象を労働者階級の女性に移し、いわゆる「メイド服」——黒のドレスとコットン製の白いエプロン、キャップ、付け替え可能なカフスとエリから構成される——に隠された階級とジェンダー規範の相克をあぶり出す。さらに、実在のメイド、ハンナ・カルウィック(一八三三—一九〇九)の日記の分析を通して、働く女性のアイデンティティーと衣服の問題をメイドの視点から解く。第五章「夏の海辺で、花柄のコットン・ドレス」では、大衆的なリゾート着という新たなカテゴリーの衣類の発展を、時代遅れのプリント・コットンの復活から扱う。イギリスで花柄のコットン・ドレスといえば、二〇世紀中葉にイギリス国内外の市場を席巻したホロックス社の製品が名高いが、実際には、すでに一八七〇年代のはじめに大きな転換期を迎えていた。下層ミドルクラスの若年層が牽引するファッションの新しい概念と消費、着用機会の開発を、ディケンズ作品に登場する女性キャラクターの名を冠した、プリント・コットンのドレスの流行から解き明かす。最終章、第六章では、エステティック・ドレスの成り立ちとイギリスらしさの新たな展開を考察する。芸術的なために、現実逃避的とみられる向きもあるエステティック・ドレスだが、生地、色、スタイルの選択に見られる実験性、歴史の援用と折衷は、フランス・モードとは決定的に異なり、イギリス人の自己イメージまでも変えた。このことを、エステティック・ドレスの商品開発に深く関わったロンドンの高級有名店、リバティ商会の試みと製品を軸に分析する。これらの考察を通して、今まで見過ごされてきたイギリスの衣服の真実を明かし、それらがどのようにブリティッシュ・ファッションへと発展したかを探っていこうと思う。思わぬ事実とその展開をお楽しみいただきたい。

第一章　ミドルクラスのファッション・センス

ヴィクトリア朝期のイギリスでは、社会の中間層であるミドルクラスの女性がアッパークラスのハイファッションを独自の価値観で解釈・選択し、それがすなわち、「イギリスらしい」ファッションと認識されるようになった。そこで本章では、まず、ミドルクラスの価値観を考察し、次に、コルセット論争と色彩音痴の克服法を例に、彼らのファッション観を見ていく。

主な資料として、ファッション誌、指南書、美容書を使用する。数あるファッション誌の中でも、一八五二年創刊の『イングリッシュウーマンズ・ドメスティック・マガジン』(一七九年)(以降、*EDM*と表記)は重要なものの一つである。同誌は「質素なミドルクラスの女性向けの最初の雑誌」(1)と言われ、本章後半で扱う「コルセット論争」を巻き起こすきっかけを作った。指南書とは、上品な振る舞いや礼儀作法を説いた書物で、作法に暗いミドルクラスの人々に向けて書かれた。たとえば、『上流階級の習慣』(一八五九年)は当時もっとも読まれた指南書の一つで、内容には、経済状況に応じた衣服の選び方が含まれた。美容書とは、肌の手入れの仕方、TPOに応じた衣服の選び方や個性を引き立てるドレスの選び方などを伝授する書物である。指南書と同様に、ミドルクラスを読者に想定し、指南書と内容が重複することも多い。

1　ミドルクラスを特徴付ける価値観

本書の考察で多くを負う*EDM*は、一九世紀半ばの一八五二年に、サミュエル・ビートンによって創刊された。当時、ファッション誌の多くは一シリング（一シリングは一二ペンス）だったが、同誌はわずか二ペンスという値段で販売された。この値段の安さは、アッパークラスではなく、ミドルクラス、それも質素な下層ミドルクラスの女性を主要読者に設定していることを示している。ミドルクラス内にはサブクラスがあり、アッパークラスに近い生活を享受する上層部、その下が中層部、さらに、クラス内ではもっとも倹しいが、数としてはミドルクラス全体の三分の二を占める下層部があった。そして、同誌は次の二つの事実によって国民的ファッション誌と考えられた。1．イギリスの女性雑誌で大量販売に成功したはじめての雑誌になった。2．その内容――家事のヒント、フィクション、最新のファッションを紹介する記事やファッションプレート、実用的な編み物のパタンの掲載――は、近代の女性雑誌の典型であり続けた(2)。つまり、この雑誌の高い人気とその継続は、ヴィクトリア朝期のイギリスにおいて、ファッションは比較的質素な女性たちが担いはじめたことを示している。

これが達成できた理由は、第一に、この国の飛び抜けた経済力の向上にある。たとえば、世界初の博覧会がロンドンで開かれた一八五一年には、国民総所得は五億二三三〇万ポンドだったが、六一年には六億六八〇〇万ポンドに、七一年には九億一六六〇万ポンドにまで上がった。世界で一番豊かな国になったイギリスの、国民一人当たりの所得は、一八六〇年ごろには三二・六ポンドである。これに対し、同時期のフランスは二一・一ポンド、ドイツが一三・三ポンドだった(3)。格差は歴然としている。つまり、パリから発信されるハイファッションを消費するのはフランス人ではなく、フランスの隣国に住むドイツ人でもなく、たくさんお金を持っていたイギリス人だったのである。中でも、社会の中層に位置するミドルクラスの経済力は、飛躍的に伸びたとされる(4)。

しかし、ミドルクラスの人々は、アッパークラスの猿真似をしたわけではない。独自の価値観を働かせて、現実的な選択を行ったのだ。その価値観とは何だろう？　ヒントは、ビートンが創刊号の中で雑誌名の由来を語る箇所にある。彼は次のように述べている。「イギリス人が誇ることができるものが一つあるとすれば、それはイギリス人女性の道徳［moral］と家庭的［domestic character］であることだ(5)」。つまり、ビートンが主要読者に設定し、掲載されたファッションを実際に購買するミドルクラスの価値観とは、「道徳」と「家庭」であり、それは即、イギリス的であることと結びつけられたのである。マーガレット・ビーサムによると、「イギリスらしさ」を「道徳」や「家庭」とリンクさせることは、この雑誌が創刊された一八五二年までには、「陳腐」にさえなっていたという(6)。それでもなお、ビートンはこれを創刊号で繰り返し、雑誌名 *The Englishwoman's Domestic Magazine* に採用したのだった。

「道徳」を具体的に表現するならば、「清潔な衣服」、「控えめな態度」、「華美を避けること」[7]である。「地味」で、「飾り気がないこと」が否定されなかったと言い換えることもできるだろう。これらのことは指南書の中で強調された。『上流階級の習慣』曰く、華美なドレスを見せびらかすことは「下品」である。「下品」は「育ちの良さ」や「慎み深さ」の対極にある表現で、その人の作法や性格を非難する時に使われるもっとも強い言葉である。同書は次のようにも説いている。

お祭りの時にだけふさわしいような派手なドレスを着て、通りを歩く女性、内々の集まりに高価な宝石を山ほど付けて参加する人、（中略）概していつも「飾りすぎる」人は「下品」と見なされるでしょう。

完全に慎み深いことは育ちの良さの神髄で、貧乏であろうが金持ちであろうが、位が高かろうが低かろうが、見せびらかしはどんなものでも品がない。

女性が贅沢に耽ることは、美徳のゆるみの原因ではないにしても、最初の兆候です。ともかく、そのように誤解されることが多いのです。[8]

同様の戒めは美容書でも繰り返されたが、これは作法の問題としてだけでなく、個人の倫理観に関わる重要事項とされた。というのは、ヴィクトリア朝期には、人の外面が内面の傾向（精神や思考のくせ）を予測させるとする観相学が学問としてもてはやされ、大衆の間で大流行した。衣服を含めた外見の観察は、他者を知る有効な手段であり[9]、「服は着用者の精神を正しく示すインデックスである[10]」という独特の共通認識が形成されたのである。このことは裏を返せば、尊敬に値する内面を持っていることを他者に知らしめるためには、「清潔な衣服」、「控えめな態度」、「華美を避けること」を遵守する必要があった。

かなり堅苦しいことは事実である。しかし、質素なミドルクラスの読者を対象とした*EDM*でさえ、消費文化の中心地、ロンドンの様々なファッションの動向をフィーチャーしていたから、悲観する必要はない。その選択に、階級の特性が反映されたのだ。第一に、節約と実用性の重視、第二に、工夫と発明の才能を駆使すること、そして、自己抑制の称揚である。それぞれ見ていこう。

言うまでもなく、*EDM*では手頃な価格で、使用頻度の高い商品が重視された。例えば、一八四一年創業のロンドンの喪服屋、ジェイズ[11]の商品の一つ「白と黒のストライプシルク地、良品、一着分二ポンド一七シリング六ペンス」を、「もっとも使い出のあるディナードレスやイブニングドレス」に仕立てることができる[12]と読者に紹介している。ジェイズが扱う商品なので、もちろん喪服だが、半喪用である。当時は喪に服す期間が長く、また、喪に服すべき対象者も広かったために、喪服の種類が多岐にわたった。半喪用のドレス（生地は黒と白、紫などの地味な色）は本喪が明けてから着用するもので、数年に及んで使用することも稀ではなかった。したがって、多くの女性がかなりの頻度で長期間必要とした。同誌は、このストライプ地を喪服として着用するためには「黒レースのトリミングを、普段用ならばバラ色かブルーのトリミングを」（傍点引用者）つけるように勧めている。さらに、後者の装飾を施した場合、訪問用のウォーキング・ドレス（午後に出かけるためのドレスの一種）にもなると提案している。喪が完全に明けた後も、半喪用のドレスをなんとか活用する方法を読者に伝授しているのだ。加えて、一着分二ポンド一七シリング六ペンスは、シルク地としては庶民的な値段だった。このことは、表1－1からわかる。表は、同時代に*EDM*に掲載された広告からシルク地の値段を抜粋したものである。最下段は、デベナム・アンド・フリーボディーの販売カタログから転載した。店の規模や格によって、値段にかなりの差があることがわかる。ジェイズの商品は値段の安さに加え、トリミングを替えただけで、幾通りにも着用することが可能な逸品と*EDM*は判断したのだった。

*EDM*の記述で特徴的なのは、実用性の重視が新商品の紹介にも顕著に表れている点である。新型のアンダースカート（スカートのシルエットを整えるためのファンデーション）を紹介する記事では、「すべての女性に、身繕いの細部に付き添う侍女がいるわけではない」ので、自分自身で「簡単に、素早く調節することができ、かなり長い時間、整った形と状態を保つ」ことができる「クリノリン・ジュポン」は秀逸であるという。[13] 一八七〇年の記事である。当時は後ろスカートにボリュームを持たせたスタイルが流行していた。ふんわりと形良く整えるためには、ファッションの細部を熟知した侍女の手助けが必要だが、問題はミドルクラスが裕福になっていったとはいえ、侍女まで雇い入れるこ

表1-1　シルク地一着分の値段

Jay's	喪服中心の大店舗
	£2 17s. 6d.（Jan. 1867）冬のセール
	£3 7s. 6d.（Jun. 1869）夏のセール
Peter Robinson's	喪服中心の大店舗
	£1 19s. 6d. から 4 1/2 guineas（Jun. 1868）1868年秋の新作
Baker and Crisps	倒産品などを扱う小売り店舗
	25s. から（Black）（Dec. 1868）初冬のドレス
	29s. 6d. から（Fancy）同
Debenham and Freebody	高級店
	£14 14s. 0d.（Black）（1872）
	£18 18s. 0d.（Fancy）同

出典：*The Englishwoman's Domestic Magazine* の広告、および、*Debenham and Freebody, Fashion Book*（1872）より。

表1-2　年収と使用人の数、種類

£1,000	料理番、上級ハウスメイド、ナースメイド、下級ハウスメイド、男性使用人
£750	料理番、ハウスメイド、ナースメイド、給仕
£500	料理番、ハウスメイド、ナースメイド
£300	雑役婦、ナースメイド
£200 または £150	雑役婦（しばしば少女）

出典：Beeton, Isabella. Mrs. *The Book of Household Management*（London: S. O. Beeton, 1861）, p. 8 より。

とができるほどの経済力を持つ家庭は多くはなかった点にある。表1－2はビートン夫人の『家政読本』（一八六一年）を元に、年収別の家事使用人の種類を示したものである。侍女（lady's maid）に類する上級ハウスメイドを雇う事ができるのは年収一〇〇〇ポンド以上である。翻って、ヴィクトリア朝期に数を大幅に増加させたのは、ミドルクラスの中でも、年収一五〇ポンドから二〇〇ポンドの下層だった。彼らは*EDM*の主要読者層でもある。したがって、このアンダースカートは、多くの読者の切実な要求に答えるものだったはずである。別の記事では、同類のアンダースカートにつける装飾の「便利」さを強調した。「今期の新案商品」と称して、「タフタ・ポロネーズ」と名付けた、ヴァンダイク状の縁飾りのついたアンダースカートを、「縁飾りをぬれたスポンジでふくだけで、簡単にきれいになるので、ぬかるんだ天気の時にとても便利である(14)」と、読者に勧めている。雨の日でも、馬車ではなく、徒歩で出かけなければならない質素な女性のための商品である。

ところで、ロンドンでは年に二回、大規模なセールが行われた。もちろん、*EDM*もセール情報を読者に伝えたが、それだけでなく、高級店での特別販売(15)を「お買い得情報」として掲載し、より賢い消費行動を促している。シーズンオフの売れ残りを買い漁るのではなく、長期的な視点に立って実際に使えるものを読者に厳選させるのだ。このことは、高級ショールを格安で販売する店の情報(16)や、手持ちのレース・ショールを「今風にする様々な方法(17)」などに多くのページを割いていることからも分かる。一方、同誌よりも裕福な読者をターゲットとした『レディーズ・キャビネット・オブ・ファッション』(一八三二―七〇)は、パリで流行している高級品を毎月、カラー・プレートで紹介している。*EDM*はハイファッションにさえ、質素の美徳と実用性を見出すことで、読者に質素なミドルクラスの消費者としての独自性を促したと言えるだろう(18)。

もっとも、ヴィクトリア朝期には商品経済の発達により、多種多様な商品が売り出され、市場には新奇な服飾品が氾濫した。このような状況で、ミドルクラスの女性たちが実用性を備えた良品を見極めることは困難だっただろう。そこで判断する際の有力な指標となったのが、「工夫」(contrivance)と「発明の才」(ingenuity)が溢れているか否かである。これらはジェイズの生地、新型のアンダースカート、その装飾のいずれにもはっきり認められた。そして、これらの特性は、賢明なミドルクラスの消費者が体得すべき能力でもあった。指南書、『纏い方、両性のための衣服の手引書』(一八六八年)は、「経済的で、良い趣味を兼ね備えるためには、判断力と工夫、または、一般にやりくりと呼ばれるものが必要です。」[19]と述べている。『一日一シリングでうまく装う方法』(一八七六年)も同様に、「安く、しかもうまく装うことに関しては、発明の才と趣味が貴重な助けとなる」[20]と述べている。同書は年間一五ポンドで衣服費を賄うために必要な衣類の種類と、一枚、または、一セットあたりの値段を示している(表1-3)。これによると、靴、手袋、下着や靴下などの必需品が表の上部を占める一方で、シルクのドレスは一着も含まれず、ドレスのリメイク用と思われるトリミング類に予算が割かれている。衣服にまったく関心を払わないことは「間違い」であり、女性らしい感受性の欠如でしかないが[21]、ミドルクラスとしてふさわしく装うためには、手持ちのものと組み合わせたり、用途に合わせて作り替える機転が要求された。『上流階級の習慣』の著者は、これをはっきりと階級指標と認識している。「金持ちと偉大な人達の間では、服を愛することは、ある程度までは彼等自身の趣味の行使と表示であり……ミドルクラスでは、それは工夫、勤勉、手先の器用さを生み出し、慎ましいものの間では、良い影響を生む[22]」。

衣服における「工夫」と「発明の才」が階級指標として重視されたことは、いくら強調してもしす

表 1-3　年間 £15 でやりくりするための工夫

	£	s.	d.
冬用ブーツ 1 足	0	18	0
夏用ブーツ 1 足	0	16	0
夏用ウォーキングシューズ 1 足	0	6	6
室内ばき 1 足	0	3	6
イブニングシューズ 1 足	0	10	6
修理代	0	5	6
手袋 8 セット（1 セット 2s. 6d.）	1	0	0
明るい色の手袋洗濯代	0	1	6
ストッキング 3 足（1 足 2s. 6d.）	0	7	6
ダメになった下着の替え	0	12	6
冬用フランネル	1	10	0
夏用ドレスのためのカシミア	1	8	0
装飾用のシルク	0	16	0
裏地、ボタンなど	0	4	0
冬用または夏用ジャケット、隔年	2	0	0
冬用ドレス	2	8	0
帽子、またはボンネット	0	5	6
オーストリッチの羽	0	5	0
装飾用のシルク	0	6	6
粗い夏用麦わら帽	0	2	6
花、または羽	0	3	6
黒のシルク用ブレード（装飾）	0	0	6
グレナディン（生地）用装飾のためのリボン	0	3	0
モスリンを再生させるためのフリル	0	3	0
ベール 2 枚	0	3	0
手持ち金	1	0	9
合計　£	15	0	0

出典：Silvia, *How to Dress Well on a Shilling a Day*（1876）, pp. 11-13 より。

ぎることはない。なぜなら、模造金のアクセサリーのような些細なものにまでこの属性は見出され、そのような商品の購入はミドルクラスとしてふさわしい選択行動と認識されたからである。*EDM* は金製品の一般的な人気に言及した後、次のように読者に呼びかけている。

地位にふさわしいファッショナブルな装飾を身につけたいと切望しても、高価な宝石の購入――その流行はすぐに変わるかもしれず、実際、変わりつつある――を正当と感じない女性は多くいます。（中略）このような些細なことに対する我々の要求に同情するかのように、金の新たな代替品が、ロンドンのある商会によって考案されました[23]……。

模造品など身につけるべからず、という選択肢もないわけではないが、ミドルクラスの証として必要とされるならば（「地位にふさわしいファッショナブルな装飾」）、なんとしても必要（「……を身につけたい」）と多くの人が考えるだろう。しかし、引用によれば、金製品は高価にもかかわらず、流行の移り変わりが早い。ならば、「ある商会によって考案」された代替品で充分、用は足りるはずである。説明によれば、それは手頃な値段で見映えよく、流行の形なのだから。こうしてファッションの変化に適宜、対応する能力もミドルクラスには必要とされた。

最後に、「自己抑制」とは、ヴィクトリア朝人の価値観の根底を成す。自己抑制は「社交」が重視された一八世紀中葉に主張されはじめた考え方だが[24]、個人の「適切さ」が重視されたヴィクトリア朝期には、行動、そして、情動表現にまで抑制が求められた[25]。もちろん、「精神の指標」としての衣服にも自己抑制は強く求められた。たとえば、『ロングマンズ・マガジン』誌（一八八一年六月二一日号）掲載のあるエッセーでは、経済性と自制を結びつけ、「重要なことは、衣装代の計画案を立てることであり、自制（self-control）の習慣を身につけることです[26]」と指摘している。自己抑制の実践として、繊細な配慮――自分の年齢や容姿、キャラクター（個性）を観察して、ふさわしい衣服を選ぶ――が求められることも多かった。ある指南書は次のように述べている。

もう若くはないということを断固として認めない場合、極端に走り、年齢にまったくそぐわないスタイルの服を着用することで、良い趣味をけがすことになるのは驚くにあたらない。顔立ちの整った老婦人が、――彼女は年齢という事実を恐れることも、恥じることもない――年齢にふさわしく、おとなしい、地味な色合いの服を着用し、現在のファッションを彼女自身に合わせる様子ほど、気持のよい光景はない。彼女は若者の猿真似をするでもなく、過ぎ去りし日のファッションで若いふりをするでもない。見せかけはどんな種類であれ、忌まわしい[27]。

上記のようなアドバイスは、現代ならば常識の範疇である。しかし、「極端」を「良い趣味をけがすこと」、「見せかけ」を「忌まわしい」と捉え、道徳的汚点とみなすことで、的確な自己観察と評価によって選び取られた「年齢にふさわしく、おとなしい、地味な色合いの服」はその対極に位置する道徳的な衣服となるのだ。

2　コルセット論争にも自己抑制

階級特有の価値観は、コルセット論争に顕著に現れた。コルセット論争とは、コルセットでウエストをきつく締め上げること（タイトレーシングと呼ぶ）の可否を巡る議論である。*EDM*の中の読者からの質問に答えるコーナーに端を発し、一八六七年から一八七四年の間に、一五〇を超える投書が同誌に寄せられた。当時としては、極めて大きな反響である。反応の大きかった意見は『コルセットとクリノリン』（一八六八年）として本にまとめられた。七一年には、『フリークス・オブ・ファッション』として再版された[28]。これらの書物を巡って、さらに様々な意見がメディアで交わされた。コルセット論争は*EDM*の影響力の大きさを物語るとともに、ミドルクラスのファッションに対する独特の考えを明示した事件である。

「論争」を考察する前に、注意しなければならないことがある。コルセットを着用すること自体は、否定されていなかった。それどころか、快適さ、体を支え、しなやかさを保ち、エレガンス、道徳上の理由などから[29]、必要不可欠な衣類と考えられていた。一つには、当時のドレスはコルセットで体型を整えて、着用することを前提に作られていたからである。体にピッタリ合った（ピッタリすぎる?）服が注文服の真骨頂とされ、そのためにはファンデーションの着用は必須だった。一方、コルセットは着用者の姿勢を保ち、汗などの汚れからドレスを守る役目も果たした。さらに、コルセットをきちんと着用することは貞節の印でもあった。コルセットを一人で脱ぎ着することはできなかったからである（少なくとも、そのように考えられていた）。さらに、コルセットは過去数百年間、上流階級のファッションの構成要素であったために、伝統という権威が賦与されていたともいう。(30) アッパークラスのお墨付きが与えられた由緒正しい衣類でもあったのである。

技術面から見ると、コルセットで胴をきつく締め上げることが可能になったのは、鳩目が使用されるようになった一八二〇年代だったという。(31) バストとヒップ部分にマチが導入されたのもこの頃である。(32) 一八六八年には、コルセットの成型に蒸気が使われるようになり、「理想的な」トルソーを作ることができるようになった。(33) コルセットの素材もより強く、弾力性に富み、それゆえ、着用による歪みや体のくせによる変形が減り、元の形に戻りやすくなった。(34) つまり、きっちりしたコルセットは、テクノロジーの進歩による下着のフィット感の向上や理想的な身体成型の試み（工夫と発明の才）の成果だったが、行きすぎて「論争」をもたらすことになったのである。タイトレーシング論争には様々な問題が絡んでいた。過度の身体加工に対する美学的批判、着用者の健康を危惧する医学的意見、さらにはミドルクラスの女性の身体意識、社会における役割などである。(35) しかし、これらの詳細は他書に譲り、本節で注目したいことは、タイトレーシングに賛成する人、反対する人の両方が道徳を持ち出した点である。

オーソドックスな反対意見は、ファッションのためにウエストを極端に締め上げることは虚飾であり、その上、健康を害する悪習であるとする道徳論である。自制の欠如を非難したのだ。反対論者は、タイトレーシングを「拷問」、「苦痛」と呼ぶ。これに対し、賛成意見はほとんどが自分の体験を踏まえたものとして語られ、以下が典型的な例である。タイトレーシングを始めた当初は、確かに辛い。しかし、一インチ、また、一インチとウエストを締め上げ、確実に細くなっていく自分の胴のくびれに自己鍛錬の成果を体感する。理想のウエストが実現すると、周りの人に褒められ、それまで経験したことのない達成感に酔いしれる。ウエストの理想的なサイズは、一七インチとも、一六インチとも言われるが、ロンドンのウエストエンドのコルセットメーカーでは、一六インチのコルセットを作ることも珍しくなかったという(36)。理想のウエストを手に入れると、高揚感のためか、食欲不振や頭痛、背中の痛み、吹き出物などの不快症状はまったくない。それどころか、整った容姿を獲得した見返りとして、有利な結婚の期待さえ生まれる(37)。タイトレーシングこそ、自制の修養を促すという主張である。

もっとも、複数の衣装博物館(バース、チャートシー)が行った千枚に及ぶ現存資料の実測によると、ヴィクトリア朝期のドレスのウエストサイズは一番細いものでも、二一インチ半だったという(38)。上記の理想とはかけ離れた数値である。したがって、『コルセットとクリノリン』および、『フリークス・オブ・ファッション』に掲載された賛成意見の多くはフィクションかもしれないし、タイトレーシングを実際に行った人は極端に少なかったのかもしれない(39)。だが、実体験に基づいたとする意見のほとんどが、タイトレーシングに賛成だったことは特筆に値する。わけても、少女期に母親から受けたしつけの一環、または、女子校での修養として書かれた点は重視すべきだ。以下の引用は、「パリの郊外にあった、若い女性のためのとても上品で、ファッショナブルな施設」で、「厳しく、厳格なタイトレーシングの規則に従属させられた」若い女性の体験である。

約三年間、私はそこの生徒でした。「束縛された」私の若い仲間の大半と同じように、私はまったく健康だったと言ってよいでしょう。そこを出る時には、不格好な少女からとてもスマートな若いレディーに成長し、私のウエストは来た時よりもきっかり七インチ細くなっていました。(40)

多少の忍耐によって、「不格好」から「スマート」な身体へ、「田舎娘のような品のない」姿から「エレガントで優雅な容姿」になることで、自己鍛錬は至上の喜びをもたらす。

中には、「道徳家」と名乗り、次のように意見する人まで現われた。「もし娘を習慣と感性において優しく女性らしく育てたいならば、きっちりコルセットを締め上げなさい」。(41)ある寄宿学校の女性教師は、「娘をファッショナブルな美人にしたくない親、または、娘の身体をすべての人が認めるファッショナブルなスタイルに訓練すべきではない」と思う親は、そもそも娘をファッショナブルな寄宿学校へ送るべきではないと意見した。(42)母親たちは、強情な娘に「たゆまぬ辛抱強さと厳しさ」で、素晴らしい容姿の重要性を説き伏せるべきだとも、アドバイスされている。(43)これらの意見からわかることは、タイトレーシングは「無理強い」ではなく「訓練」であり、(44)この訓練により、着用者は快適さと身体のしなやかさ、優雅さを獲得すると考えられたことだ。人によっては、厳しい訓練自体に酔いしれることもあろうが[45]、より多くの場合、タイトレーシングは、男子校におけるギリシャ語やラテン語教育が語学の習得よりも、ジェントルマンとしての自己修練を目的としていたように[46]、レディーになるために必要な身体・精神修養であると理解されたのである。

確かに、コルセットで整えた体は美しく、性的に魅力的であったことは間違いない[47]。タイトレーシングはこれを極端に推し進めた行為とも解釈できるし、そこには性的倒錯や、家父長制における女性の従属の強要を見ることも可能だろう。しかし、これまで述べたことと共に、次のことも忘れるわけにはいかない。コルセットによる自己修養は、大人になってからも続いたのだ。服飾史家、カニングトンによると、ファッション誌は次のように主張したという。「コルセットは、常に存在する監視装置で、着用者に自制の訓練を間接的に命ずる。それはよく鍛錬された精神と、よく整った感情の証しである[48]」。進歩的な女性でさえ、コルセットの着用を支持した。女性教育と参政権運動の過激な活動家、リディア・ベッカーは、コルセットは女性の「体つきを改善し、温かさを与え、支援する」ので、異性に打ち勝つために必要だと訴えたという[49]。要するに、ミドルクラスのファッションの選択では、コルセットのような外から見えないものにまで階級の理想が介入し、己をどのように律するかの議論と深く関わったのである。

3　色彩コンプレックスの克服法

コルセット論争には、ミドルクラス独特の価値観が反映されていたが、次に考察する色彩コンプレックスの克服法はさらに進んで、イギリスらしいモダンなファッションへと発展した例である。当時のイギリス社会では、鋭い色彩感覚を持つことがことのほか重視された。一つには、色調の微妙な差異を見分けることが階級指標として機能したからである。[50] また、鋭敏な色彩感覚は高い知性の証明とも考えられた。生理学者、アレグザンダー・ベインは著書『感情と意志』（一八五九年）の中で、「知性の基本的、または根本的な特異性は区別であり、連続した、または、共存する印象の違いを感じることである。知性を記すもっとも明らかな印として、これ以上基本的なものは他にない。」と述べた後に、「色調の微妙なグラデーションとしての僅かな変化、または、音のレベルのわずかな変化をはっきりと感知することは、生来の特徴的な頭脳の印である。[51]」と記している。したがって、色彩センスを磨くことは、知的なミドルクラスを自認する人にとって必須だったのである。

ところが、彼等の多くは色彩音痴だった。女性誌『クイーン』（一八八四年）は半ば自戒を込めて、次のように述べている。

しばしば外国人から言われることですが、イギリス人は「色に対する感覚がない」し、実際、調和しない色合いが混ぜ合わされるのを見ると、そう言われても仕方ないと思わざるを得ません。女性たちは、わずかな陰影の変化で大きな違いが出ることを見逃しがちで、たとえば、鮮やかな薄緑色は、繊細で透明感のある顔色には似合いますが、青みがかった緑は決して同じようにはいきません。(52)

色調の微妙な変化を顔色との相性から説いている。この記事が掲載された『クイーン』(一八六一―一九七〇)は「上流の一万人」を対象としたファッション誌なので、比較的裕福で社会的地位の高い階層の人々(アッパークラスとミドルクラスの上、中層部)でさえ、色彩感覚が劣っていることを自認していたことになる。なお、本著では、*EDM* 同様、『クイーン』からも多く引用するが、両雑誌ともミドルクラスの女性を主要読者に含み、『クイーン』の方が流行により敏感で、高級品を扱うものとする。

フランス人文学・哲学者、イポリット・テーヌ(一八二八―九三)もイギリス人の色彩感覚の悪さを、著書『イングランド・ノート』(一八七四年)に記している。テーヌは一八六〇年代にイギリスを訪れ、その時見聞きしたものを著書としてまとめた。彼は、ハイドパークを散策する裕福なミドルクラスの女性たちの服装を以下のように描写し、「ギラギラした様はおぞましい」と酷評した。

ボンネット［帽子］は積み上げられたシャクナゲに似ており、雪のように白いか、とてつもなく小さいか、赤い花の束、または巨大なリボンが付いている。ガウンはぴかぴかしたスミレ色で、目もくらむばかりに反射するか、刺繡付きのペチコートで膨らませた、糊付けされたチュール製である。黒のレース製のとてつもなく大きなショールは踵まで達し、真っ白か明るいすみれ色の手袋、ゴールドのチェーン、ゴールドの留め金付きの金色の帯、光沢のある髪が襟にふさふさと垂れ下がっている。(53)

「目もくらむばかり」の色合いは当時流行の合成染料によるものだろう。このようなファッションはいかにも「成り上がりもの」の趣味で、「ワードローブから抜け出て来たようであり、また、雑誌で紹介される新案商品を宣伝するために、歩き回っているようだ」とテーヌは観察する。配色など全く考えず、財力に任せて新商品を身につければ、ファッショナブルと彼女たちは思い込んでいたようだ。彼はそれを「イギリス人はドレスの引き立て方を知らない」と一刀両断にした。

*EDM*をファッション・バイブルとするような質素な人々とは異なり、比較的裕福なこれらの女性は、時にはパリの最新モードをロンドンの高級店で誂えることもあっただろう。しかし、色彩感覚の欠如のために、惨めな結果に終わったというわけだ。これを改善すべく、彼女らは次のような手段に出た。まず、フランス人の優れた色彩センスをミドルクラスの健全な価値観を駆使して学習・消化する。次に、色彩の学習と産業の発展を連繫させることで、イギリス独自のセンスへと展開させる。で

は、順番に見ていこう。

(1)　イギリス人気質を積極的に活用する

イギリスの雑誌やエチケットブックの多くは、自国人の色彩音痴に関して次の順序で対応した。1．色彩感覚は生まれながらの才能なので、磨きようがない。2．しかし、センスの問題は明晰な頭脳と努力、そして、道徳心をもってすれば、相殺しうる。1では、色使いだけでなく、服装全体を視野に入れ、たとえば『一日一シリングでうまく装う方法』(一八七六年)では、次のように述べている。「フランス人の女性はこれらのことにある種の直感を持っていますが、我々イギリス人はしばしばとても劣っていますし、彼等のファッションをコピーしようとすると、子供が最初の習字のお手本帳に書き写す文字のように、不完全極まりないのです(54)」。フランス人の優れたセンスに対して、完敗を認めている。しかし、同書は後のページで、「色の選択で必要なのは、考察と経験です」と述べ、観察と訓練によって色彩センスの悪さを埋め合わせるよう、読者に指南している。1で曝け出したコンプレックスの克服法を提案しているのだ。

具体的には、色のハーモニーやコントラストを学習すること、顔色、生地やトリミング、スタイルとの関係を考慮すること、また、年齢に配慮することである。『一年、一五ポンドで装う方法』(一八七三年)では、「色調や色合いを選ぶという立ち入った問題を思いきって持ち出すならば、あなた自身の「年齢と顔色に合う」色に注意を払うべきでしょう」とアドバイスし、「色白の人は、大変若い場合を除き、明るい色に身を任せてはいけない[55]」などと、強い調子で警告している。『美、その本質と保持法』（一八七三年）も、「顔色が悪く、もはや若くはない人には、ピンクは苦しい。健康的な色艶のないことを嘲るからだ[56]。」と述べている。先に引用した『クイーン』（一八八四年）でも、「明るい顔色でない人は、グリーンを試すべきではない。明るい色は着る人の顔色を悪く見せる」と指摘している。明らかに、これらのアドバイスは前節で見た過度への嫌悪、自己抑制の重視を反映している。

さらに、服飾品の色を単に「流行っているから」、「ふさわしい」という理由で選ぶのではなく、顔色の「清らかさ」を損なわないように気遣うことが肝心だと説くことで、道徳との連繋をはっきり意識させる美容書もあった。

一般論として、見る人の視野に入るドレス類の主な色、または、色調は、眼が顔に向けられる時に心地よいコントラストやハーモニーを奏でること、「顔色の」清らかさを邪魔せずに、顔色との融合と調和がなされるべきでしょう[57]。

顔色は単に顔の表面の問題ではなく、身体の内部（健康状態）と精神の質の両方を示すと考えられた[58]。清らかな顔色とは、心身ともに良好な状態を指すので、それをさらに引き立てる色のコントラストとハーモニーを学習せよというわけである。

このほか、ヴィクトリア朝後期には、色のハーモニーやコントラストを専門に指南する冊子も多数発行された。『ドレスの色に関する、レディーのための手引書』は、その例である。『レディース・キャビネット・オブ・ファッション』誌（一八六三年）に掲載された書評によると、著者は色彩論で著名な人たちなので、この冊子を熟読し、自分の顔色を研究すれば、「確実に、ふさわしい色のハーモニーを実現できる」[59]と請け合っている。美容書も色彩効果に多くのページを割き、『女らしい美しさ』（一八四〇年）などはカラー図版を挟んで、このトピックに二〇ページ以上も費やしている。[60]色彩の効果をマスターするために、個人レベルでの日々の鍛錬と努力が奨励されたのである。

（2）国内産業との連携

ニックラスによると、英米で色彩論をファッションに応用するようになったのは、ミッシェル・ウジェーヌ・シェブルールの著書[61]が英訳された一八五〇年代以降だという。シェブルールはフランス人で、染料化学者であり、色彩論の専門家である。彼の色彩調和論は広く英米のファッション誌に取り上げられ、英語で書かれた配色のアドバイスにも影響を与えたという。[62]つまり、イギリスのミドルクラスはフランス人の色彩に対する感性だけでなく、理論もフランス人から多くを学んだのである。イギリス人の文筆家、メアリー・フィラデルフィア・メリフィールド（一八〇四―八九）もその一人で、シェブルールの理論を著作に取り入れた。[63]彼女はさらに、色彩論の実践がイギリスの産業の発展に役立つと主張した。『クリスタルパレス展覧会、イラスト付きカタログ』（一八五一年）に寄稿したエッセー、「色のハーモニー」[64]においてである。「クリスタルパレス展覧会」とは、一八五一年に世界で初めて行われた万博、大英博覧会で、イギリスの工業的発展を世界中に喧伝する役割を担っていた。

この博覧会に出品された工業製品を閲覧したメリフィールドは、イギリスの製造業者は色のコントラストやハーモニーの法則を学ぶ必要があると指摘している。イギリス人は科学、芸術の両方で他国に優るのに、色のアレンジに関しては、特にフランスと比べて劣るからである。その理由を、1．明るくはっきりした色を並べると、目が休まらない。2．色のアレンジそのものが悪い、としている(65)。参考までに付け加えれば、博覧会場となったクリスタルパレスは、鉄筋とガラスで出来た巨大な温室のような景観で名高いが、内部は建築家、オーウェン・ジョーンズ（一八〇九―一八七四）の指揮により、赤、青、黄の原色で彩られていた。したがって、展示品の色のアレンジは一層難しかったに違いない。それでもなお、リヨンのシルク業者の展示は「計り知れないほどの多様な趣味が展示されている」と、当時、人気の高かったガイドブック『モダン・ロンドン』（一八五一年）の著者は称えている(66)。

メリフィールドは、色彩論を系統立てて学ぶこと――高尚な芸術論を科学的に考察する――で、欠点を克服できると考え、守るべき色の配列を図で示した。図1-1右がイギリスでよく見られる配色の悪い例である。黒、濃紺、海緑色が連続して並び、深紅の間にサファイア・ブルーが、黒と青の間に薄緑色が配置され、これら全ては「不愉快な色のコンビネーション」であるという。さらに、暗い色と明るい色が「効果を考えずに、無差別に並べられている」と、メリフィールドは不満を述べる。左は同じ色を使った改善例である。暗い色と明るい色が「均一の間隔で」並び、右の不調和なコントラストは全て取り除かれ、「コントラストの法則」にしたがって、色がアレンジされている。明るい青と暗い青がオレンジとコントラストを、深紅が緑と、緑が紫と、という具合である。これらの法則を学習し、実行することで、恩恵を得る産業は多岐にわたると彼女は主張する。服飾、家具産業、卸売り、小売業に携わる人々、室内装飾業者、家屋塗装業者、室内塗装業者、壁貼師、彼等の下で働く職人たちなどである。[67] 実際に商品を生産したり、サービスを提供する労働者の色彩感覚の向上も期待できると考えたようだ。

メリフィールドは、色彩に対する感覚を生まれ持ったセンスや社会環境に帰するのではなく、「色彩に対する目」を「教育」することを重視した。そうすることで、芸術論、科学的考察、産業界を結びつけようとしたのである。また、ミドルクラスの女性の間で広く流行していたベルリン・ワーク[68]についても意見し、女性が色彩論を科学的に学ぶ意義を説いている。メリフィールドの観察によれば、ベルリン・ワークは大変な忍耐と勤勉さを要するにも関わらず、「人間の本性のカリカチュア」にすぎない。この「無意味な骨

図 1-1　イギリスでよく見られる配色の悪い例（右）と改善例（左）

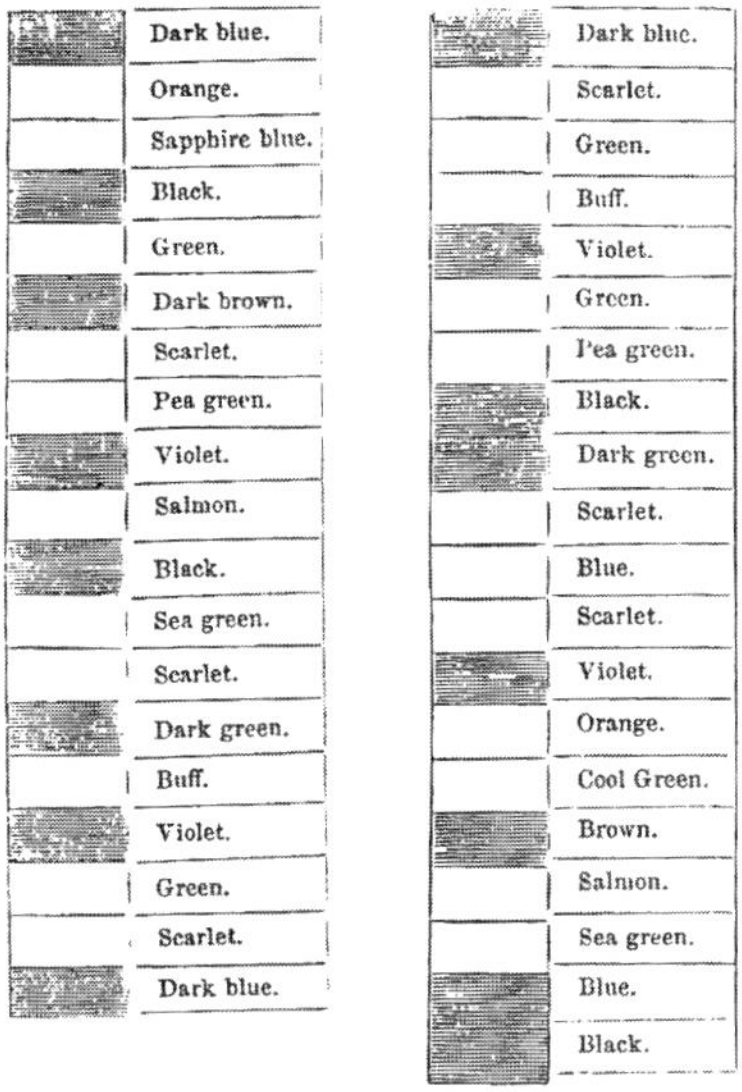

折り仕事」に労力を費やす代わりに、若い女性たちが「色彩のハーモニーを決定する理論」を習得するならば、裁縫ではより適切な主題を選ぶようになろうし、「家庭内の目的に適用できる、より趣味の良い手仕事」となって、その成果はすぐに現われるとしている[69]。さらに、色彩の科学的考察は決して難しいものではなく、その学習は女性を家庭から遠ざけず、それどころか、家庭内の色彩環境を向上させ、家族のためにも役立つと強調した。

これらの提言は時代の変化を映し出している。メリフィールドが「色のハーモニー」を世に問うた頃は、風合い豊かな（悪くいえば、薄ぼけた）自然染料からはっきりしてどぎつい合成染料へと移行する過渡期であり、人々は新しい「色彩に対する目」を養う必要に迫られていたからだ。デイヴィッドによると、合成染料が生産されはじめたのは一九世紀初めだが、それ以来、化学産業界は新しい色を化学合成することに躍起になったという[70]。そこに、最初のアニリン染料（アニリンはコールタールから抽出したベンゼンの化合物）がウィリアム・パーキンによって調合（発見）された。クリスタルパレス展覧会からわずか五年後の一八五六年のことである。当時、パーキンは王立化学学校（Royal College of Chemistry）でマラリアの特効薬、キニーネの化学合成を試みており、実験途中で偶然、最初のアニリン染料、モーベインを調合した。同年夏にこの紫染料の製造特許を取得、翌年暮れまでには「アニリン・パープル」または「ティリアン・パープル」の名前で、ロンドンのシルク染色業者に大量に供給し始めた[71]。一八五八年には、ヴィクトリア女王がこの染料を使った藤色のドレスを長女の結婚式のために着用し、これがきっかけとなってモーベインが爆発的に流行した[72]。その後、ブルー、ピンク、緑など様々なアニリン染料が合成された。比較的安価で、シルク、綿、羊毛のいずれにも適したという。まさに万能の染料だったようだが、先にテーヌが「ギラギラした様はおぞましい」と評したことから察せられるように、明るすぎてドレスに使うには難しかった。

その一方で、合成染料は当時の最新技術の成果であり、それゆえモダニティの具現だった。さらに、イギリスにおける合成染料の生産は世紀末まで世界の最先端を走り続け、その発展は国の誇りになったという。[73] すでに一八六二年には、王立化学学校時のパーキンの教師、オーガスト・ヴィルヘルム・ホン・ホフマンは、「イギリスは間違いなく近い将来、色を製造する世界一の国になるだろう。それどころか、もっとも奇妙な革命により、すぐに石炭でできた青をインディゴが育つインドへ、タールを蒸留してできた深紅をコニチールを生産するメキシコへ……と送り込むことだろう[74]」と予測していた。世紀末に向けて、色彩論もますます盛んになり、文明人はあまねく優れた色彩感覚を有すると主張する論者まで現われた。グラント・アラン著『色彩感覚』（一八九二年）は人類学を援用した色彩論の著書だが、ヨーロッパ人、日本人、中国人、インド人は極めて高い色彩感覚を持つと述べている。つまり、フランス人と比して、イギリス人の色彩感覚が格段に劣っているわけではないのである。また、色彩感覚が高度に進化すると、人は天然の色だけでは満足できなくなり、ヴァリエーションと鮮やかさを求めるとも主張した。[75]

したがって、フランス由来の色彩論を産業と個人の両レベルで学習、実践し、合成染料の使用に応用すれば、積年の色彩コンプレックスは確実に解消されることになる。それればかりか、イギリスらしい色の使い方（＝合成染料のふさわしい配色）を見出すことさえできただろう。実際、普段使いのプリント・コットン地では、合成染料を使用したセンスの良い製品が生産されはじめた。イングランド北西部にあったボーカー・バンク社は「茜抽出色、アザリン赤色、紫、ピンク、茶、スチーム・ファンシー［明るい色の組み合わせ］」を含む合成染料によるプリント地を、一八七〇年代半ばに生産していたことがわかっている。白地に紫と薄茶の小花や、青みがかった緑の小枝をごく控えめにあしらったものなどである。(76)

ミドルクラスの人々はファッションに対する鋭いカンや莫大な財産に恵まれなくても、こうした日々の努力と工夫、適度な自己抑制、産業の力を借りて適切に選択することで、文明の先端を行くモダンなイギリスらしいファッションを作り上げていったのである。

第二章　ホームズはレインコートで沼地を這い回る

雨の多いイギリスでは、一八二〇年代以来、防水布の改良が盛んに行われてきた。特に一九世紀後半には、バーバリーやアクアスキュータムなど、高級紳士服店が防水布の発達に大きく貢献し、世紀末までには、紳士用防水コートは小説に描かれるほど広く認知されるようになる。優れた例として、アーサー・コナンドイル（一八五九―一九三〇）が創造した探偵、シャーロック・ホームズを挙げることができる。彼は作品の中で「防水性」のコートを着用し、事件の解決に役立てたからである。そこで、本章では、防水コートの発達と紳士像の関係をホームズ作品を例に探る。

ホームズといえば、ディア・ストーカーと呼ばれる鳥打ち帽とケープがついたコートとの連想が一般的だろう。(1) しかし、実際には、ドイルはこの服装の記述をしておらず、(2) 後年の翻案であることがすでにわかっている。(3) そこで、従来のホームズ像は省略し、以下の順序で考察を進める。1．防水コートの技術的発達と紳士服としての歩みを概観し、2．ホームズがイギリス紳士として、作品中でこのコートをどのように着こなしたかを考察する。3．さらに、同時代のファッションと比較検討することで、ホームズの防水コートや彼の清潔で仕立ての良い身なりが、卓越した探偵、ホームズのイメージを補強すると共に、現代的なダンディズムを提案したことを示す。

「はじめに」で示した通り、消費文化を牽引したのは、主にミドルクラスの女性である。そのために、本著は女性服の考察に比重をおくが、男性用レインコートは一九世紀後半に改良を重ね、その後、現在に至るまでイギリスを代表する衣服とみなされている。本章で考察しておく。

1　防水コートの発達

防水加工された外着の大々的な開発は、マッキントッシュのゴム引きコートにはじまる。一八二四年、工業都市、マンチェスター創業のチャールズ・マッキントッシュ社は、その名が示す通り、雨合羽（英語でマッキントッシュと言う）の由来になっている。材料のゴムは石炭からガスを作る際に出る廃物、コールタール・ナフサで、これは溶解性のゴムであることが発見された。マッキントッシュは、これを布地で挟むことで防水布を作った。目新しさも手伝って、この防水布で作ったコートは一八三〇年代には大変な人気になった。しかし、ゴムは通気性が悪いために臭いがひどく（非衛生的）、重量もあり、低温では硬くなり、暑いとべたべたするという欠点があった。雨よけとしては有効だったが、じきに衰退する。[4]その後一八四三年に、トマス・ハンコックがゴムを加硫処理する技術の特許を取得し、これをゴム引コートに施すことで、耐久性、柔軟性を獲得した[5]。また、ヨーロッパ大陸から亡命してきた大量のユダヤ人テーラーが仕立てを請け負ったことで、実用本位だったマッキントッシュは、徐々にファッショナブルな衣服に進化した。

一九世紀後半になると、高級紳士服店の中にも、実用とファッション性を兼ね備えた防水コートの開発を手がけるものが現れた。例えば、アクアスキュータムは、創業当初からファッションとの関係が深い。J・キャンベル著、『アクアスキュータム・ストーリー』（一九七六年）によると、一八五〇年頃、ロンドンのウエストエンド、リージェント・ストリートに、ジョン・エマリーが仕立て屋を出した。数年後、彼はウールの防水加工を完成し、それを「アクアスキュータム」（ラテン語で水を通さずの意）と名付け、販売をはじめた[6]。マッキントッシュのゴム引きと異なり、男性用服地に永らく使用されてきたウールを、その柔らかさとしなやかさを保ったまま、ウエストエンドのテーラーが防水コートに仕立てたことで、上流階級の男性の間で人気になった。アクアスキュータム製のコートは、その品質と優れた耐久性のために、クリミア戦争（一八五三―五六年）でも上官たちに着用された。その後、皇太子（後のエドワード七世）にも愛用された。アクアスキュータム製品で身を固めた彼の姿は雑誌、『ヴァニティー・フェア』で詳細に報道され、「おしゃれを気取るすべての人」に真似されたという[7]。さらに、アクアスキュータム製のコートは、第一次世界大戦時には、王室御用達を得た唯一のコートとして、英国陸軍のサービスキットに加えられた。

アクアスキュータムと同様、バーバリーも高級防水コートを開発したことで知られる。バーバリーはギャバジンを使って、アウトドアのレジャー用ウェアの革新に成功したからである[8]。ギャバジンとは、ウーステット、またはウーステット・コットンを特別に防水加工した生地で、「通常、経糸本数が緯糸の二倍程度使われ、綾目が急勾配になっており、表面の綾目がくっきり立っている[9]」という特徴がある。一八五〇年代半ば、後に創業者となるトマス・バーバリーはハンプシャー州、ベイジングストークの服地屋の徒弟だった。田舎育ちの彼は、農夫が着用するリネン製のスモックがごく単純な作りにもかかわらず、体の動きを妨げず、冬は暖かく、夏は涼しいことに着目した。しかも、スモックは通気性があるのに、雨に強い。この特徴をコートやスポーツ着に活かすことを思いつき、彼は一八五八年に会社を設立する。九一年には、ロンドンに一号店をオープンさせ、九五年には英陸軍の制服の製造を手がけた[10]。

庶民的なマッキントッシュ、高級テーラーであるアクアスキュータムやバーバリーはいずれも、イギリスを代表するコート・メーカーへと発展した。彼らの製品は、イギリス人が国民性と自負する実用性の重視、発明の才と工夫の結晶である。マッキントッシュの場合、原材料自体が工業の発達と深く関わることで、この時期にイギリス人が世界中にその威力を見せつけた国の発展を象徴している（創始者、マッキントッシュは液体ブリーチを発明し、繊維産業にも貢献したことが知られている[11]）。加えて、その後の防水布の改良は化学の発展（加硫処理など）なくしては達成しえなかっただろうし、大工業都市、マンチェスターだからこそ、優秀なテーラーが大量に移住したのである。彼らなくして、マッキントッシュをファッションに押し上げることはできなかった。

アクアスキュータムとバーバリーは、戦争によって英雄的な衣服へと昇華した。クリミア戦争時におけるグッドレイク大尉の機転――隊から外れてロシア軍に包囲されたが、グレーのアクアスキュータムのコートを着ていたために、敵に見破られることなく行軍し、無事に味方陣営に合流した――はアクアスキュータムのコートに依るところが大きい[12]。少し後になるが、第一次世界大戦中にバーバリーが出した軍用コートの広告は、耐久性と衛生、着心地のよさを強調し、戦地での健康と活動に不可欠であることを印象付けている[13]。例えば、一九一六年の広告では、「防水布がどんな雨でも防ぎ、頼りになるだけでなく衛生的で安全です。効果的に荒天に耐える一方で、独自に換気するからです。スマートなキャメルのフリース〔製〕」と述べている[14]。また、同広告は、バーバリーの「トレンチ一式」がスコット〔英国海軍の軍人、一八六八―一九一二〕やアムンゼン〔ノルウェーの探検家、一八七二―一九二八〕が南極探検を行った際に使用したものと同素材で作られていると述べ、極地での活動までも可能にする並外れた耐久性と性能を強調している。

これら後世に名を残す有名店に加え、一九世紀後半には、様々な洋品店が独自に防水布を開発し、その高い性能を喧伝し始めた[15]。*EDM* は、ロンドンにあるハーヴィー・アンド・カンパニーが「ヴェンティラトリウム」(Ventilatorium) なる防水布を提供すること[16]、同じくロンドンにあるジェームズ・スペンサー・アンド・カンパニーが「センパーセッコ」(SEMPRE SECCO) と名付けたクロークを販売していることを伝えている[17]。「ヴェンティラトリウム」はゴムの層に穿孔することで通気性を確保し、従来のマッキントッシュでもたらされる「不健康な結果」を回避できるという。男性用、女性用の防水服に適すると記事は説明している。「センパーセッコ」は「もっとも繊細でシルクのようなアルパカに似た」生地でできた防水コートらしい。「ヴェンティラトリウム」は「通風」の意、後者は「常に乾いた」の意をラテン語風に表記することで、学識に元づいて開発された格調高い製品であると主張している。さらに、「シルクのような」風合いであることを強調することで、実用性のみならず、ファッション性も重視した。もっとも、『マンチェスター・ガーディアン』紙（一八九二年）によると、シルクのような肌触りを謳う安物は、一度雨にあうと「色落ちし、大急ぎで接着した縫い目が解ける」[18]と注意を喚起しているので、防水布の扱いは困難だったようだ。

一方、一九〇〇年出版のエチケットブック『服と男性』には、ロンドンの高級店街、ニュー・オックスフォード・ストリートに店を構えるB・キュビット・アンド・カンパニーが広告を掲載している。同社は「防水のスペシャリスト」と称して、「ペラムス防水ラグラン」なる製品を三ギニーで販売していた（図2－1）。また、ヴィクトリア・アンド・アルバート美術館には、一九二〇年代のレインコートのカタログが保存されている。一つは、「パーフェクタ」防水コートのサンプル地とイラスト（一九二一―二二年）[19]、もう一つは「グレシャム・レインコート」のサンプル地とイラスト（一九二八年）である。[20]前者は女性用、後者は男性用である。後者は一二枚のイラスト（計一二ページ）、生地のサンプルがページあたり二―四枚、計一八ページとスタイルの詳細、値段表から構成される。生地はほとんどが寒色である。スタイルによって多少の制約があるものの、表地だけで三〇種以上が選択可能で、顧客の多様な好みに対応できるよう工夫がなされている。

いずれのカタログも生地の詳細は説明されていないが、「パーフェクタ」はコットン・ギャバジン、一部はコットンにゴム引きのように見える。カタログの表紙には、「シャワープルーフ」と記載され、高性能であることを強調している。「グレシャム・レインコート」はギャバジン、エジプト・コットン、ウエスト・オブ・イングランド・ツイードなどと表記されている。サンプル地を見た限りでは、ゴム引きは含まれていない。海野弘によると、エジプト・コットンから防水布を作り、それをギャバジンと名付けたのはバーバリーらしい[21]。「ウエスト・オブ・イングランド」は、コートに適した生地だが、「安くはない」と『服と男性』は述べている[22]。「グレシャム・レインコート」の値段は、生地とスタイルによって異なる。もっともシンプルな「男性用レインコート」はダブルの前身ごろ、ラグラン袖、ベルト付き、垂直のポケット、ストラップ付きのカフスのスタイルで、淡黄褐色のエジプト・コットン製、チェックのコットン裏地付きが二六シリング六ペンス、同スタイルのグレーがかった褐色ユニオン・ギャバジン製、チェックのコットン裏地付きが三八シリング六ペンスである。一方、「オーダーのみ」で仕立てられる「男性用ウエスト・オブ・イングランド・ツイ

図2-1　B. キュビット・アンド・カンパニーの広告（1900年）

ESTABLISHED 1860 AT SAME ADDRESS.
B. Cubitt & Co.,
85 NEW OXFORD STREET,
LONDON, W.
Telegrams: "Cubitalium, London."
RAINPROOF SPECIALISTS.
BREECHES MAKERS.
SPORTING & GENERAL TAILORS.
ELASTIC DRESS SUITS . from 5 Guineas.
"PERRAMUS" RAINPROOF RAGLANS 3 Guineas.
HACKING BREECHES . . from 2½ "
GOLF JACKETS . . . " 2 "
ILLUSTRATED FASHION BOOKLET & PRICE LIST POST FREE.
Write for Illustrated Booklet of Rainproof Coats, etc.

ード・レインコート」はシングルの前身ごろ、ラグラン袖、ダブルのラペル付き、前身頃全体がボタン留め、垂直のポケット付きで、オーバーチェックの淡黄褐色、イタリアンの裏地付き（いずれも生地の詳細不明）が六九シリングである。同時代の防水コートには一ポンド以下のものもあったから、「グレシャム・レインコート」は比較的ファッショナブルな良品と考えてよいだろう。(23)

要するに、雨しのぎという実用目的で開発された防水コートだが、ホームズが活躍する世紀末までには、最先端技術を駆使したハイテク衣料として、また、イギリス人の国民性を凝縮したファッション・アイテムとして、成長しつつあったのである。

2　ホームズ作品における防水コート

一八九一年に『ストランド』誌に掲載された「ボスコム谷の惨劇」の冒頭には、ホームズが「ながい鼠いろの旅行用外套を着て、ピタリとあったハンチングをかぶった」という描写がある。この鼠色の旅行用外套（his long grey travelling-cloak）は、殺人事件があったボスコム谷に向かうための装備として着用したことになっている。描写としては特段の注意を引くものではないが、後に、このコートは「防水」であることがわかる。それは、沼地についた無数の足跡から犯人の足跡を探し出す、捜査のクライマックスだった。

みんなして水牛の群れみたいにこのへんを捏ねまわさないうちに僕が来ていたら、どんなに造作なかったか知れやしない。（中略）こう言ってホームズはレンズを出し、防水外套を敷いた上に腹ばいになった。(He drew out a lens and lay down upon his waterproof to have a better view......)そのあいだも私たちに話しかけるというよりは、むしろ独りごとのように、たえずしゃべりつづけるのはやめない。

この捜査によって、彼は真犯人の詳細を突きとめるので、ぬかるんだ沼地に腹ばいになることを可能にした「防水外套」の存在は大きい。その一方で、捜査に没頭するあまり、常軌を逸した行動に出る変人ぶり（探偵魂と呼ぶべきかもしれない）が、一連の作品中でもっともよく出ている場面でもある。

では、彼の防水「旅行用外套」(waterproof) はどのようなものだろうか？　別の作品（「オレンジの種五つ」一八九一年）でも、防水外套 (waterproof) は登場し、これを着た男は捜査の依頼人で、「髪かたちも服もきちんとして、態度にはどこか洗練された上品さがあった」と描写される。つまり、ミドルクラスの紳士である。この男性は土砂降りの中、ホームズを訪問した。暖炉わきに掛けていたホームズは、「外套と傘をこちらへお出しなさい」、「ここへかけておけば、すぐかわくでしょう。」と促しているから、火のそばに掛けて乾く素材（ゴム引きではない）である。また、「金縁の鼻眼鏡」（一九〇四年）に登場する、「前途を期待されている探偵スタンリー・ホプキンズ」が豪雨の中、ホームズを訪ねる際に着用したのも、「防水服」(waterproof) であって、mackintosh ではない。一方、「白銀号事件」（一八九二年）では、「雨外套」（mackintosh）と表記されたコートを、馬の飼育に携わる労働者が着用している。この男は馬のことが心配になり、ひどい雨の中を出て行った。これらの例から、少なくとも waterproof はゴム引きではなく、また、ミドルクラス以上の紳士が着用するコートであることが予測できる。

レインコートの素材（ゴム引か否か）とそれに伴う名称の違い（mackintosh か、それとも waterproof か）、そして、着用者の階級の違いは、同時代の他の作品にも現れている。H・G・ウェルズ（一八六六—一九四六）の小説『キップス』（一九〇五年）では、裕福な男性は「普通の素材に見えるオーバーコート」を雨天時に着用し、質素なキップスは「ゴワゴワしたゴム引きのマッキントッシュ」を着た。雨が上がると、マッキントッシュを着たキップスは完全に場違いになってしまい、そんな彼を尻目に、防水外套《ウォータープルーフ》を「スマートに着た男性」が通り過ぎていくと描写される(24)。「マッキントッシュ」は質素な男性のためのゴム引き製雨よけ、一方、「ウォータープルーフ」は「普通の素材に見える」ことから、ウールやギャバジン製で、スマートなミドルクラスの男性用であることがわかる。エチケットブック『服と男性』（一九〇〇年）も、次のように意見している。「田舎でさえ、もはや旧式のマッキントッシュを着る男性はいない。雨よけ用のコートは長いチェスターフィールドのように仕立てるべきだ(25)」。つまり、ゴム引き防水コートは街用としてはもちろんのこと、雨風に晒される田舎であっても、ホームズ作品が世に出た一九世紀末までには、エチケットブックを読むようなミドルクラスの男性は着用しなくなっていたのである。

ドイルは服装によって登場人物の社会階級、職業と経済状態を細かく描き分けており、これは当時の社会通念を反映している。例えば、「赤髭同盟」（一八九一年）には、徒弟に化けた銀行強盗に騙される質屋の主人が登場するが、この質屋の経済状態が芳しくないことは服装によって示されている。

着ているものはすこしだぶだぶの鼠いろ格子縞のズボンに、あまりきれいでない黒のフロックをつけて、前のボタンを外しており、うす茶色のチョッキに真鍮の太い片さげ鎖をからませて、その先に飾りとして、四角な孔をあけた金属の小片をぶらさげている。そばの椅子のうえには、すりきれたシルクハットと、襟につけたビロードも皺だらけの、全体に色のあせた茶いろの外套がおいてある。

ズボンが体にぴったり合っていないのは、安物か、または着古して、体型の変化に対応していないためだろう。薄汚れたフロック・コートと「擦り切れたシルクハット」（トップハット）は、彼が少なくともワーキングクラスではないことを表しているが、衣服の手入れを怠った証拠であり、妻やメイドの不在を示す。妻を娶ったり、家事使用人を雇う金銭的余裕がないのだ。下層ミドルクラス向けのエチケットブック、『紳士の経済的な身支度の技』（一八七六年）によると、フロックコートは「完璧な裁断、仕立てと仕上げで、相当の注意深さで着ること、着こなすための優美な容姿が欠かせない」(26)が、この質屋にはいずれも備わっていない。同エチケットブックは、「質の劣ったフロックコートは、着る人を非常にみすぼらしく見せる」とも述べている。質屋がチョッキに付けた鎖と金属の小片は、質流れ品か、思いつく限りの贅沢品だろうが、みすぼらしい印象をさらに強めている。そして、彼のコートは、「襟につけたビロードも皺だらけの、全体に色のあせた茶いろ」の古ぼけた粗末な代物だった。

これとは対照的に、ホームズの服装は常に「几帳面に端然としている」（he affected a certain quiet primness of dress）（「マスグレーブ家の儀式」一八九三年より）。レディー・ドロシー・ネヴィルの回想によると、「身だしなみの良い紳士の目的とは、仕立ての良い服が持つ本来の慎み深さによって、注目されないこと」であり、「奇抜な色や裁断はどんなものでも、抑える傾向にあった(27)」という。ここでいう「注目されないこと」とは、質素と同義ではない。それどころか、服飾史家、ダイアナ・クレインが指摘するように、一九世紀のアッパークラスとミドルクラスの男性服では、「手の込んだ禁欲が前世紀の豪華さやこれ見よがしな衣服のスタイルに取って代わったが、ファッショナブルな外見は時間、趣味、お金を必要とした(28)」。裕福な男性は「執拗に［衣服の］ディテールにこだわった(29)」からである。具体的には、上等の生地で完璧に仕立てた、地味な色のスーツを着こなし、糊付けされた清潔なシャツ、カラーとカフスを身につけることが「身だしなみの良い紳士」には求められた。ホームズもこれを遵守しており、『バスカヴィル家の犬』（一九〇一―〇二年）では、何日も野外で張り込みを続けたにもかかわらず、「ベーカー街にいるときとおなじに、ここでもあごをきれいに剃りあげて、シャツもカラーもさっぱりしたのをつけていた。」（his chin should be as smooth and his linen as perfect as if he were in Baker Street.）と、描写される。

ホームズが社会階級、職業と服の相関を熟知した人物として設定されていることは、彼の変装が完璧で、見破られることがほとんどなかったことからもわかる。「ボヘミアの醜聞」（一八九一年）では、彼は失業した馬丁や「いかにも実直な、愛すべき独立教会派の牧師」になりすます。職業や年齢の違いによる身のこなしも重要だが、相棒のワトソンの目をも欺いたのは、馬丁の「見苦しい身なり」や、牧師の「幅広い黒の帽子」、「袋のようにだぶだぶのズボン」や「白ネクタイ」をホームズが完璧に着こなしたからであり、彼の社会観察が鋭く、それを実践する柔軟性の証明にもなっている。一方、彼が単に着るものに執着していたわけではないことは、同作品に登場するボヘミア王の派手なマントと肩に留めた宝石を、「こんな風な美々しさは、イギリスではむしろ下品と見なされるだろう」とワトソンの口を借りて述べていることからわかる。

ホームズがずば抜けた運動神経と知性の持ち主であることは、作品を読めば一目瞭然だが、『バスカヴィル家の犬』では野営の後でも、「どこまでもきびきびと元気で」と描写され（男らしく強靭な肉体を持つことの証明）、「ギリシャ語通訳」（一八九三年）によれば、彼の先祖は「代々田舎の大地主」で、「みなその階級にふさわしい大同小異の生活をしていた」という。その上、祖母は「フランス人の画家の妹」だというから、ホームズは芸術の才能にも恵まれた裕福な階級の出身ということになる。また、シャーロキアンによると、ホームズはオックスフォード、またはケンブリッジ大学で学んだことになっている。(30) したがって、彼の服装がいつも「几帳面で端然としている」のは、彼の出身階級と学歴に見合っているのである。そして、探偵としてのホームズが駆使するのは、血痕判定（『緋色の研究』一八八七年）や毒物の鑑定（「まだらの紐」一八九二年、「悪魔の足」一九一〇年）などの化学知識である。一介の私立探偵にもかかわらず、扱う事件には国家機密が含まれている（「ブルースパーティントン設計書」一九〇八年、「海軍条約文書事件」一八九三年）。つまり、ホームズは一九世紀末から二〇世紀初頭の最新技術とイギリスの軍事的優越、少なくともその期待を体現したキャラクターなのである。「期待」と書いたのは、『シャーロック・ホームズの科学捜査を読む』（二〇〇九年）の著者、E・J・ワグナーによると、ホームズの化学知識にはかなり怪しい面もあったからである。彼は二つの実在する血痕判定方法を知っていたが、彼が開発したと称する検査法は「架空」のものだった。[31] また、「まだらの紐」で殺人に使われた毒蛇は、基本的な蛇の習性を誤解していると指摘された。しかし、作品の中では、ホームズは常に正しい。その証拠に、ブルースパーティントン設計書事件の解決後、彼はウィンザー城に招かれ、「ある祝福すべき貴婦人」（ヴィクトリア女王）から「素晴らしいエメラルドのネクタイ・ピン」を賜ったことになっている。

このようなコンテクストを考慮した上で、彼が「ボスコム谷の惨劇」で着用した防水コート《ウォータープルーフ》を観察すると、次のことがわかる。それは、ディア・ストーカーやケープ付きのコートが示すやや戯画化されたホームズとは異なる面、つまり、高い技術、洗練と知性を併せ持った上層ミドルクラスのインテリ男性像を鮮明にするのだ。

3　ファッション性

ホームズが纏った防水コートはファッション性も備えていたことを、文章描写に加え、シドニー・パジットのイラストを参考に考察しよう。ホームズは「ながい鼠いろの旅行用外套」を着て、ロンドンにある実在のターミナル駅、パディントンから事件現場の湿地へと汽車で出発する（図2-2）。服飾史家、ペネロープ・ブライドによると、旅行用コートの丈が長く、他のコートに比べてゆったりしているのは、上半身同様、下半身を雨風から避け、体全体をすっぽり覆うためだという。この用途にあい、且つ、寒さをしのぐことができる生地としては、ウールが最適であるという。ウールは暖かく、ある程度までなら防水効果が期待できるからである。しかし、レインコートやケープのように、気温に関係なく着用する場合は、軽く、涼しい素材が好まれ、この場合はコットンや軽いウール製のギャバジンがふさわしいという。(32) ギャバジンの防水機能については、先に説明した。「ボスコム谷の惨劇」は、一八八九年六月八日から九日に起こったことになっているので、(33) イギリスでは日が最も長く、比較的暖かい。これを考慮すると、ホームズのコートはギャバジンが適当と考えられる。

では、ギャバジン製の旅行用コートとは、どのようなスタイルだろうか？　『服と男性』によると、オーバーコートとして最も使い出があるのは、チェスターフィールドである。(34)「最新流行に特に興味があるわけではないが、スマートに装いたいと思う男性は、できるだけ簡素にチェスターフィールドを

図 2-2　事件現場に向かうホームズ（「ボスコム谷の惨劇」1891 年より）

仕立てるべきだ[35]」とも助言している。ブライドも、現存する一九世紀のオーバーコートで最もよく知られたスタイルの一つは、チェスターフィールドだと証言している。チェスターフィールドは、フロックコートのバリエーションをオーバーコート代わりに着用したことに始まる。しかし、フロックコートとは異なり、ウエストを成形せず、シングル、ダブルの両方のスタイルが存在し、一八五〇年代以降は、隠し前、またはフライ・フロント留めが現れる。カジュアルウェアというよりは、フォーマルなオーバーコートで、一九世紀の終わりには丈が膝下まで伸びたという[36]。図2-3（左）は一九一〇年のチェスターフィールドだが、スタイルは一九世紀末とほぼ同じである。

もう一つの可能性としては、アルスターが

ある。『テイラー・アンド・カッター』誌（一八九七年）は、「紳士のワードローブは、アルスターなしには完結しません」と述べ、このスタイルのオーバーコートが紳士の必須であることを強調している。また、アルスターは「旅行にとても便利で、上等なスコッチ・ツイード製であるべきで、シングルでもダブルでも良い」という。[37] 一八九〇年代には、後ろ身頃にハーフベルトが付き、取り外し可能なフードが付いた丈の長いコートになった。さらに、ケープや毛皮の裏地をつけることもあった。[38] 図2-4は一八八五年頃の着用例である。ヴィクトリア朝を代表する画家の一人、ジョン・エヴァレット・ミレー（一八二九―九六）を撮影したもので、ルビットによると、コートは厚手のツイード製、フード付きのアルスターである。フードには、シルク・リボンの引き紐が付いている。手には、現在、ディア・ストーカーとして知られる類の、布製のキャップを持っている。[39] ドロシー・ネヴィルは、布製のキャップを「便利だが、趣味の悪い近代の発明」[40] と回想録でこきおろしたが、ミレーがこれを手に、アルスターを着て写真に収まっていることから、当時、この組み合わせはファッション性が極めて高かったと予測できる。

チェスターフィールド、アルスターともに、一九世紀の終わりまでには丈が長くなった点は共通である。また、男性用コートは、黒やグレーなどの寒色が使われた。しかし、アルスターが旅行着として重宝されたことを勘案すると、ホームズのコートはアルスターに近かった可能性の方が高い。彼は湿地に行くことになっていたので、よりフォーマルなチェスターフィールドは着用しなかっただろう。

一方、防寒着のイメージが強いアルスターだが、防水加工を施したコートで名高いアクアスキュータ

図 2-3　チェスターフィールド（1910 年）

図 2-4　フード付きのアルスターを着たジョン・エヴァレット・ミレー（1885 年ごろ）

ム社の広告（一九〇五年）には、アルスターが含まれている。[41] また、『ミニスターズ・レポート・オブ・ファッション』誌（一九一一年二月号）は、前年の春夏に流行したファッションとして、「自転車用、または旅行用アルスター」を挙げている。[42] 同誌一九一八年二月号でも、「ベルト付アルスター」を春夏ものとして扱い、「素晴らしい旅行着になり、士官に人気のスタイルであるように、トレンチコート類はモータリストや旅行者一般に着られるようになるだろう[43]」と予測している（図2-5）。つまり、アルスターを防水性の高いトレンチコートの一種として扱ったのである。さらに、同年八月号では、「ギャバジン製トレンチコート」を「アルスター類」（Ulsters）の一つに数え、「ゴム引きコートの貴重な代用品[44]」と紹介している。これらのことから、アルスターが防水性の高い春夏もののコートとして選ばれた可能性は十分あり、その可能性は時代が進むにつれて、ますます高くなったと考えられる。

図2-5　ベルト付きのアルスター（1918年）

ここでパジットが描いたイラストを改めて見ると（図2-2）、ワトソンがボーラー・ハットにチェスターフィールドを着用し、ホームズは布製のキャップとゆったりとした身幅のアルスターを着ているようだ。袖口付近には、ストラップのようなものも付いている。数ページ後のイラスト（図2-6）では、このコートにフードが付いていることから、アルスターであることはほぼ間違いない。パジットはこれと同じコートを「白銀号事件」でも描いている。この事件は一八九〇年九月二五日から三〇日に起きたことになっているので、季節としては初秋である。また、「ボスコム谷の惨劇」、「白銀号事件」ともに、犯行現場（どちらも汽車で向かう地方）では雨が降ったことになっている。一方、真冬の事件（「青いガーネット」一八九二年）や春先の肌寒い時期（「まだらの紐」一八九二年）では、パジットは我々に馴染み深いケープ付きのコート（インバネス）をホームズに着せている（図2-7）。どちらの作品でも、コートに関する文章の記述はない。ブライドによると、インバネスはクロークとコートを合わせたスタイルで、大きなケープが特徴的な、膝丈のオーバーコートである。主に旅行用で、通常ツイード製、一九世紀半ばに現れたという[45]。

総じて、ドイルは「ながい鼠いろの旅行用外套」と「ピタリとあった」布製のキャップという記述によって、流行の最先端のスタイルをホームズにさせ、且つ、コートが防水であることで、ぬかるみや悪天候でも快適に効率良く、事件の捜査を進めさせたと考えられる。ワトソンの服装については、ドイルは何も記述していないが、パジットはワトソンに旅行や雨天にはあまり向かないチェスターフィールドを着せ、ホームズのアルスターとの違いをヴィジュアル的に示すことでドイルの意図を汲んだと言えるだろう。

図 2-6　フード付きのアルスターを着たホームズ（「ボスコム谷の惨劇」1891 年より）

図 2-7　インバネスを着たホームズ（「青いガーネット」1892 年より）

4　紳士の正しいファッション観

ドイルがどれほどファッションに詳しかったかは定かではないが、エジンバラ大学で医学を修め、開業医でもあった彼が、紳士にふさわしいファッション観を身につけていない証拠はない。服飾史家、クリストファー・ブルワードは、男性がファッショナブルであることは「社会的、経済的な服装のルールを採用することだった」[46]と主張しており、見てきたように、ドイルはホームズを社会階級、職業に応じた服装に熟知したキャラクターとして描いている。エチケットブックでも、身だしなみの良さは常に重視され、洒落者（cad, snob, swell などと表記される）との違いを強調することで、この主張を裏付けている[47]。中には、紳士が犯しがちな失敗を挙げ、持つべき正しいファッション観に誘導する試みもあった。『服と男性』は以下のように述べている。

男性の中には、仕立ての良い服やファッショナブルなものに反対する人がいる。下手に装うことが知的優越の証拠であり、ファッションの掟に従わないことで、主体性を示すと考えるためである。そういう人たちは一連の掟を破りたがるし、独創的なことをやり遂げたと勘違いするかもしれない[48]。

　これとは対照的に、ホームズが事件解決に役立てた防水旅行用コートは、技術革新に裏打ちされた耐久性と動きやすさ、抑圧された美しさと秩序を示すことで、イギリス紳士の理想を余すことなく示したと言える。このコートによって、イギリスらしさ――実用性の重視、発明の才と工夫――は広く読者に共有されたに違いない。一方で、上記のコメントからもわかるように、紳士が体得すべきファッションとの距離感は計り難く、多くの男性は服選びを厄介ごとと感じていただろう。ホームズの防水コートは彼らに一つの解答を与えたのであり、その後の防水コートの発展を考えると、現代的なダンディズムの方向性を示したとも言えるだろう。つまり、イギリス紳士とは、最新流行を纏うだけの洒落者でもなければ、地味なスーツを無難に着るだけでもない、また、突飛な服装で世間を騒がせる審美主義者でもなく、技術革新と知性に裏打ちされた男性服の美学を実践する人である。

第三章　乗馬服でキリッと美しく

　ギャバジン製レインコートが現代的なダンディズムを用意したならば、乗馬服はモダンな女性を表象した。といっても、女性用乗馬服が一九世紀後半に突如として現れたわけではないし、当時話題になっていた「新しい女」が乗馬を好んだという意味でもない。そうではなく、世紀半ばごろに女性用の鞍が改良された結果、以前は貴族の専有だった乗馬が手軽な娯楽としてミドルクラスの女性たち、特に都市に住む女性の間に広まり、改良された鞍に対応した新しいタイプの乗馬服が開発された。この開発がイギリスの女性像の近代化に貢献したのである。本章では、1．鞍の改良と乗馬の大衆化の考察から、当時の乗馬の実態を把握し、2．テーラー・メイドの乗馬服が完成するまでを追うことで、品のあるモダンな女性美がどのように確立されたかを明らかにする。さらに、この女性美がイギリス独自のものと認識されることで、3．モダンなブリティッシュ・ファッションへ発展したことを示す。

1　鞍の改良と乗馬の大衆化

現代では馬は跨いで乗るものだが、ヨーロッパでは一六世紀以降一九二〇年ごろまで、女性は跨がずに横乗りをした。そのために女性専用の鞍（サイド・サドル）が存在した。一九世紀半ばごろ、この鞍に三つ目のポンメルがつき、安定した横乗りが実現する。改良された鞍は一八六〇年代までには一般的になり、女性が安全にギャロップしたり、ジャンプしたりできるようになった[1]。その結果、それまで乗馬など考えたこともなかったミドルクラスの女性たちが馬に乗ってみたいと思うようになる。初心者向けのハンドブックの著者、ロバート・ヘンダーソンは、この変化を次のように述べている。

乗馬は「バーク」や「デブレット」［貴族年鑑］にその名前が掲載されている人たちに限定されているわけではない。以前は、専門職に就く男性の妻や娘たち、裕福な商人の妻や娘は、馬車に乗って外出すれば気が済んだが、ここ二〇年、彼女たちは馬に乗りはじめた。それはまったく正しい。乗馬は［その管理を含め］、よりお金がかかるわけではないし、［乗馬によって］そよ風を吸い込むことは、他に比べようもないほど気持ち良く、健康によいからだ[2]。

ヘンダーソンは、『クイーン』のコラムに乗馬のマナーや情報を定期的に提供していたが、「女性たちの強い要望を受けて」、情報を一冊にまとめたという。一八七四年のことである。その冒頭に記したのが、馬に乗る女性たちの階級の変化だった。

需要の変化を反映して、女性初心者（ヘンダーソンの言葉を借りれば、「専門職に就く男性の妻や娘たち、裕福な商人の妻や娘」）に特化した乗馬のハンドブックが数多く出版されるようになった。男性向けのハンドブックはそれまでにもあったが(3)、女性の筆者による、女性向けのものはヴィクトリア朝期に本格的に出版されたという(4)。では、ハンドブックで一通り知識を仕入れた後、彼女たちはどこで練習したのだろうか？　驚くべきことに、ハイドパークの乗馬道、ロットン・ローだった。ここでの乗馬は、ヴィクトリア女王の治世がはじまったころから、アッパークラスの人々にとって日常に組み込まれた社交だったが(5)、そこに初心者が押し寄せたのである。彼女らのスノッブな要求に答えるべく、ファッション誌はロットン・ローでの作法、ふさわしい服装や近隣の乗馬スクールに関する情報を掲載した。コミックソングにも、この有名な馬車道は頻繁に歌われた(6)。ハイドパークの周りには乗馬学校が林立し(7)、乗馬服姿を撮るための写真館も多数できた(8)。さらに、乗馬の基礎をマスターするために必要な時間と費用を記す家政本さえ現れた。『カッセルの家政本』（一八九〇年）によると、乗馬スクールでの個人レッスンは一二回分で二ギニー、これに加え、個人的に馬術教官につく場合は、月極めの加入者料二ポンド一〇シリングとレッスンあたり半ギニー（一〇シリング六ペンス）が必要とある(9)。それなりに費用のかかる娯楽ではあるが、アッパークラスでなければ払えないような金額ではなかった。

鉄道の発達も(10)、都市に住むミドルクラスの人々を国内外のリゾート地へと運び込み、乗馬の楽しみを提供した。『クイーン』の編集者は、「スパ［ベルギー東部の鉱泉で有名な保養地］での楽しみは乗馬です」(11)と断言している。トラベル雑誌には、海浜のリゾート地、ブライトンでの乗馬教室の広告が掲載された(12)。乗馬は鉄道を利用した大衆的な旅行の一部になり、それに合わせて乗馬服にも工夫が凝らされた。『イラストレイテッド・スポーティング・アンド・ドラマティック・ニューズ』誌（一八九六年一二月一九日号）はロンドンの仕立て屋、タウツ・アンド・サンズ商会が乗馬用スカートに特製のポケットを四つもつけたことを報じ、その重要な用途として、「家に帰るための鉄道料金」と「ローカル線の時刻表」を入れると記している。「家まで馬で帰ることができなくなった場合や、地元の人はその土地の駅から出る汽車の出発［時刻］について知らないことがあるため」だという(13)。

小説でも、演劇でも、乗馬服姿のミドルクラスの女性が多く描かれた。『ウーマンズ・ワールド』誌（一八八九年）は、「現代の演劇では、実に頻繁にヒロインたちが乗馬服姿で現れる。作品中、少なくとも一度はその姿で現れる！」(14)と、呆れた様子で書いている。ジョージ・エリオット（一八一九―一八八〇）の小説、『ダニエル・デロンダ』（一八七六年）にも、手綱さばきも鮮やかに、男性と同格で馬を乗りこなす女性登場人物が描かれている。

しかしいま、馬丁を去らせて、二人はなんの屈託もなく楽しく馬を進めた。グエンドレンはこのうえなく機嫌がよかった。そしてレックスは彼女がこんなに美しいのを見たことがないと思った。彼女の姿態、長い白い首、ほおから顎への線、それは簡素できりっとした乗馬服（the compact simplicity of her riding-dress）でつねに非の打ちどころなくひきたってみえた。(15)

グエンドレンは浮ついた娘だが、この場面では、彼女の若くはつらつとした身体の魅力を「簡素できりっとした乗馬服」が最大限に引き出し、同伴の男性を魅了する。アメリカ人作家、ヘンリー・ジェームズ（一八四三―一九一六）も『情熱の巡礼』（一八七五年）や『レディー・バーベリーナ』（一八八四年）の中で、若いイギリス人女性が乗馬をするシーンを描き、体にぴったりフィットした乗馬服姿を外国人を魅了する風物誌のように扱った。(16)

2　テーラー・メイドの乗馬服が完成するまで

（1）スカートの改良と男性服の影響

このように鞍の改良は乗馬を大衆化し、乗馬服姿のイギリス人女性を魅力的に見せたようだが、乗馬服も大きく変化していた。まず、一九世紀前半の、改良前の乗馬服を見ておこう。バースの衣装博物館には、一八二五年から二九年ごろに製作された生成りコットン製のボディスとスカートから構成された乗馬服が保存されている。(17)ボディスはややハイウエストで、かなりボリュームのある袖が付き、当時最新流行のデイドレス（昼間に着用するドレス）のスタイルである。スカートは全体を細かいプ

図 3-1　1820 年の乗馬服

リーツが覆い、薄地コットン製のノースリーブのボディスが縫い付けてある。前身頃内側に大きめのポケットもついている。乗馬服としての明らかな工夫は、スカート丈が一三四センチと非常に長いこと、また、プリーツで折りたたまれているので目立たないが、スカート幅も大変広いことである。上半身は体にぴったりフィットするが、スカートにゆとりを持たせることで、乗馬した時に足が露出しないように、また、足の自由な動きを確保できるようになっている（図3－1）。同様に、一八五〇年から五九年ごろに製作された黒、またはダーク・グリーンのウール製乗馬服も、ボディスは体にフィットするが、スカート丈が一四七センチ、幅も約一四〇センチあり、乗馬時には足が完全に隠れる。(18) ボディスには丸い小さな襟が付き、別布で縁がパイピングされている。前開き、身頃の裾まわ

り、袖口、ダーツにもパイピングが施され、当時の流行を取り入れている。大きめのプリーツが付いたスカートはウエスト部分で両脇が少し空いており、コットンの紐二本でウエストに固定する仕組みになっている。後ろスカートのウエスト中央部にはボタン二つが縫い付けられ、これをボディスの後ろ身頃裏のボタンホールに留めることで、スカートがずり落ちたり、ボディスとスカートの隙間から体が露わになることを防いでいる。これらの工夫は通常のドレスには見られない。

鞍の改良がなされる前の乗馬服に共通する特徴は、スカート丈が非常に長く、幅もあることだ。ただし、ボディスと共に地味な色のスーツ形式で、装飾はほとんどない。ところが、世紀半ば以降、ポンメルが一つ余分に付くようになると、スカートの形が大きく変わる。右ひざを三つ目のポンメルに掛けて乗るため、袋状の突起を前スカートの右膝部分に付けるようになったのだ。そうすることで、曲げた膝にフィットし、スカートの「座り」が良くなるからだ。しかし、この突起のために、スカートの形が非常に複雑になった[19]。一八七五年には、このスタイルのスカートの後ろ部分にスリットを加えた「セイフティー・スカート」(safety skirt)が考案された。スリットは通常フック、またはスタッドで留め、馬上で外すタイプのスカートである。この改良により、落馬した時にスカートがポンメルに引っかかったままになる危険が回避できると考えられた[20]。

しかし、セイフティー・スカートの裾には折り返しが付いていなかったために、裾がポンペルにひっかかる危険が生じたという。これを解決したのが、一八九〇年代に開発された「エプロン・スカート」(Apron skirt)である(図3-2)。エプロン・スカートは後ろ側が開いていることから、その名

図3-2　エプロン・スカートの型紙と着想図

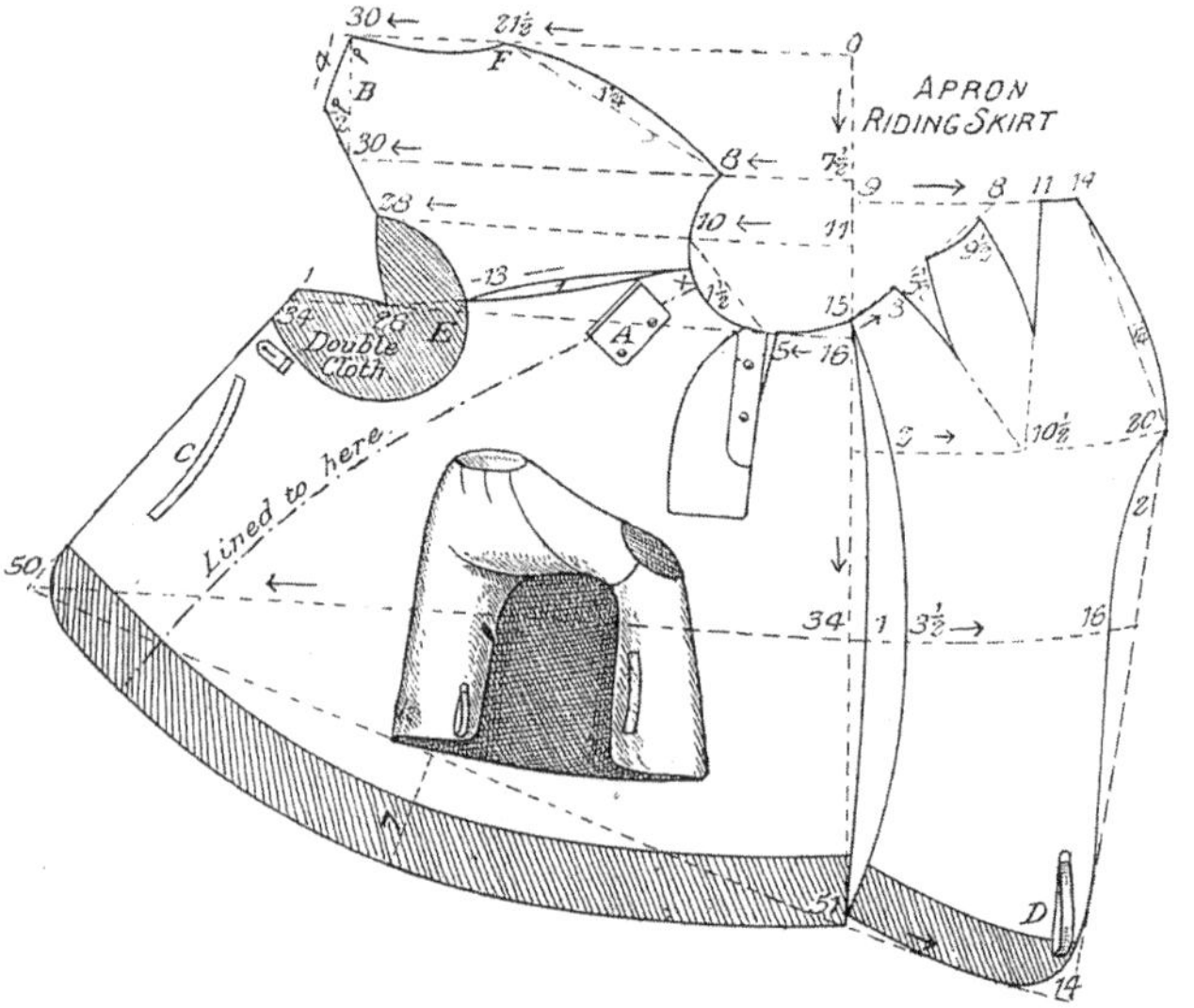

が付けられた。乗馬時には、スカートの右側が脚を包むように通るために（横乗りでは通常、右膝を立てて乗る）、左側から見ると、通常のスカートのように見える。下馬した時に、開いた右スカート後部を左側にボタン留めする仕組みだった。これにより、スカートの形状を保ちながら、安全を確保することができた。セイフティー・スカートやエプロン・スカートとセットになった乗馬服の現存例は非常に多いことから、これらのスタイルが広く着用されたことがわかる。本章でも、これらのスカートと組み合わされた乗馬服を「改良された乗馬服」として扱うことにする。

だが、エプロン・スカートにも欠点があった。下馬してから、スカートをボタン留めするまでの間、下に履いたブリーチズ（脚衣）が丸見えになり、不恰好なのだ。[21]一九〇〇年代になって、

図3-3　キュロット・スカート着用により、クロス・サドルで乗馬する女性

「キュロット・スカート」(divided skirt)、または「またがって乗るためのスカート」(ride-astride skirt) が現れ、ようやくこの問題も解決された。これらは二股に分かれているが、プリーツやまちがついているので、スカートのように見え、安全性とスカートが持つエレガンスの両方を確保できたのである。図3-3は『クイーン』（一九一七年二月一〇日号）掲載の、「またがって乗るためのコート」の着用例である。コート丈が非常に長いために、スカートはほとんど見えないが、「乗馬用同様、歩くためにも、スカートを簡単に調節できる」[22]と説明書きがある。二股に分かれたスカートを着用することで、男性のように馬にまたがって（これをクロス・サドルと呼ぶ）乗ることもできるようになった。これらの改良型スカートに加え、見栄えを重視したスカート——引き裾がつき、体にぴったり

図3-4　1887年の乗馬服

あったもの――も着用された。

鞍の改良をきっかけに、わずか数十年間で、四種類もの形の異なる乗馬用スカートが考案されたことになる。体にフィットしたスカート、セイフティー・スカート、エプロン・スカートとキュロット・スカートである。いずれも装飾は一切なく、スタイルも機能的なゴアスカート（何枚かのまちをはぎ合わせたスカート）である。では、上半身には何を纏ったのだろう？　ヴィクトリア朝後期からエドワード朝期（一八七〇年代後半から一九一〇年まで）には、暗い色のテーラードのジャケット、（ベスト）、ブラウス、糊付けしたカフスとカラー、タイ、トップハット、（ベール）、グローブを着用した（図3-4）。もちろん、乗馬用のコルセットも身につけた。その時々の流行の袖、ボディスのカットを取り入れることもあったが、基本的に男性スーツを模したスタイルである。そして、乗馬服一式は、通常男性の仕立て屋が制作した。また、スカート、その下にはいたブリーチズを含め、男性服に広く使われたウール地を使用することにより、耐久性があり、保温とある程度の雨よけも期待できた。このような実用的なスタイルは女性の戸外での活動を可能にした。

（2）伝統に裏打ちされたモダンな女性美

改良を重ねたスカートと、男性のジャケットを模した上着を組み合わせた乗馬服は、実用的で控えめであることを美徳とするミドルクラスの人々にとって理想的なスタイルだったといえる。しかし、乗馬服をスポーツ着という観点から見て、スカートがいつまでも残ったことを問題視する研究者もいる。たとえば、マックローンは、ヴィクトリア朝後期になると、ミドルクラスの女性も様々なスポーツに参加するようになったが、一九一四年になってもまだ、女性たちは踝丈のスカートを履いたまま、乗馬、テニスやゴルフ、クリケット、ホッケー、スキー、スケート、ヨット、ハイキング、その他を行ったと指摘する。これらのスポーツでも、上半身は男性服のアイテムから借用したが、下半身にはロングスカートが残ったのだ。彼女はこれを一九世紀後半以降、盛んになった女性解放の動きに反すると結論づけ、「スポーツウーマンは、「ズボンが表象する」男性の権威や女性らしさの社会的定義づけ「母性や適切さ」に真剣に挑戦するつもりもなければ、そうすることも許されなかった」と分析している。[23]確かに、乗馬のハンドブックでは、馬に乗るときのスカートの適切な持ち上げ方や、乗馬中のスカートのさばき方を微に入り細を穿って記述するものも多く、[24]適切さへのこだわりは否定しようもない。中には、セイフティー・スカートの利点を「サドル上の安全と、サドルから離れた時に脚を品よくカバーすることだ[25]」とはっきり述べるものもあった。少女向けの雑誌でも、説明のための図版はスカート着用のサイド・サドルで描かれ、「慣習を学ばなければなりません」、「あらゆる場所でまたがって乗ることが一般的ではないかもしれません」と断っている[26]。

しかし、乗馬服を他のスポーツで着用する衣服と同類に扱うことには問題がある。一つには、上半身に男性服のアイテムを取り入れ、スカートと組み合わせることは、乗馬服ではいわば「伝統」だったからである。乗馬はアッパークラスの女性が興じた最初期のスポーツの一つであり、すでに一七世紀半ばには、彼女らは男性用のコートを模した上着を着用し、首にはクラバト（ネクタイの原型）を巻き、男性用のカツラに三角帽を被ったという。下半身には、フルレングスのスカートとペチコートを重ねた[27]。一八世紀の乗馬服にも、男性服の要素は残った[28]。服飾史家、ジャネット・アーノルドは「乗馬服における男性的なスタイルは一八世紀にも引き継がれ、女性ファッションのファッショナブルなシルエットは下につけたステイ［コルセット］やペチコート［スカート］で達成された[29]」と述べている。さらに、乗馬服はファッションにさえなった。ブラックマンは、「一七〇〇年代初頭までには、乗馬服はファッショナブルな女性のワードローブの重要な要素として確立していた[30]」と指摘している。先に見たように、一九世紀前半には、乗馬服に装飾はほとんどつけなかった。日中に着用するデイドレスが色とりどりのシルク地で作られ、リボンやフリルで飾り立てられていたこととは対照的である。乗馬服は男性服の要素を取り入れつつ、流行の女性ファッションのスタイルと組み合わせたのである。ヴィクトリア朝後期には、男性服からの借用が益々進んだ。しかし、他のスポーツが機能性や活動性の向上と、スカートが表すとする母性や適切さの間で葛藤していたのに対し[31]、乗馬服はアッパークラスのお墨付きを得た伝統の継承とハイファッションの要素が強かったのである（図3-5）。

図 3-5　乗馬準備

伝統に裏打ちされた品の良さは、乗馬がレジャーだったにもかかわらず、心身の鍛錬、レディーの教養（accomplishments）と解されたことからも伺える。レディー・グレヴィル曰く、乗馬は「気性、士気、食欲を向上させ、精神から黒い影と病的な空想を取り払う[32]」効果がある。『パーク・ライディング』（一八五九年）の著者、ダンバーは幾分軽い調子で、「ハイドパークでの乗馬は健康と楽しさのための最上のエクササイズです。（中略）乗馬は胸郭を開き、乗馬のレッスンは立ち居振舞いのレッスンでもあります[33]。」と述べ、別の著者はより身体に重きを置いて、全身の筋肉を動かす乗馬は「女性の完全な発達に不可欠で、それは力と自由な動きをもたらすので、身のこなしの完璧な優美さに不可欠である[34]」（傍点引用者）と力説する。さらに、乗馬とは、単なる気晴らしでも得点やタイムを競うゲームでもなく、気高い大型の

動物を扱う「技」と、自分の肉体と精神の修養を合わせた芸術と考えられた。レディー・グレヴィルは馬術を「技を隠す優美さであり、自制、落ち着き、乗っている馬を完璧に知ること[35]」と述べ、クラークは「魅力的でエレガントな科学[36]」と評している。そして、目指すところは次のような乗り手だった。「洗練された女性の乗り手はエレガンス、適切さ、上品さを備え、高貴な大胆さと、美しくも慎み深さと一体になり、注目と賞賛をいつも受けるに値する[37]」。

もう一つ重要なことは、ヴィクトリア朝後期には、健康と活力を「美しさ」と捉える傾向が加速していったことだ。『美の科学』（一八八五年）の著者として知られるバリン女史は、「美しくなりたい人、または美しさを保ちたいと思う人は、健康な生活、規則正しい生活を送らねばならない。清潔に努め、戸外で運動し、適切な睡眠時間を確保し、そして食べ過ぎないことだ[38]」と、同書で述べている。このようなアドバイスは現代では当たり前すぎて誰も気に留めないが、当時はわざわざ章の締めくくりに記すほど、重視されはじめたのである。健康美の考え方は、乗馬に限らず様々なスポーツを女性の間に広める後ろ盾になったし、健康的で快適な衣服への改良運動とも連動した。ただし、健康美は単に肉体の問題ではなかった。『ヴィクトリア女王治世下の女性たち』（一八七六年）の著者は、「完璧な女性」を以下のように定義している。

我々の定義によれば、次のような場合、女性は「完璧」で、この世で見つかりそうな仲間にとって十分ふさわしい。つまり、身体は健全な構造を持ち、健康で、清らかな精神は十分洗練され、熱情はふさわしく抑えられ、朗らかな気質で、気立てが良い場合である。これは二つのことを前提とする。第一に、体質に起因する病気や遺伝性の病に冒されていないこと、第二に、身体と精神の修養をかなり積んでいること。[39]

健康で、「身体と精神の修養をかなり積んでいる」ことが「完璧な」女性の条件ならば、乗馬こそこれを達成する最強の手段だったはずだ。

このようなモダンな健康美と、アッパークラスの伝統が育んだ「洗練された女性の乗り手」が持つ凛々しさを過不足なくヴィジュアル化したのが、ヴィクトリア朝後期からエドワード朝期に改良された乗馬服である。鞍の改良が進んだ一八九〇年代初頭、あるハンドブックは理想的な乗馬服を以下のように説明している。「完璧なフィッティングの乗馬服は『永遠の喜び』とはいかなくとも、とても役に立ち、長く着ることができ、ふさわしい衣服です」、「すべてが趣味良く、最上のものでできているべきで、一インチたりとも余分な生地がなく、極度にシンプルであること」[40]が重要である。理想的な乗馬服とは、実用的であると同時に美しくなければならなかったのである。このシンプルなエレガンスを侵すと、「劣った趣味の人」と蔑まれ、乗馬エリートから脱落することになった。このことは、他の場面で着用される従来のファッショナブルな女性服がデリケートな生地をふんだんに使って仕立てられ、ドレスの表面を高級レースやリボンで飾り立てることで、ステイタスを示したのとは対照的である。また、合理服協会（一八八一年設立）に代表されるヴィクトリア朝後期の改良運動が提唱した「健康的で、快適、美しい」はずの改良服——緩やかなボディスの下にはコルセットをつけず、幅広のサッシュで緩やかにウエストを結び、二股に分かれたスカートを組み合わせる——が、それ自体では完成したファッションとは見なされなかった(41)こととも異なる。

別の著者は、乗馬服が目指すべきモダンな美をさらに具体的に述べている。

暗い色の上質な生地で作られた、出来の良い乗馬服が必要でしょう（中略）［スカートは］タイトで、控えめであるべきで、余分な布が一インチもなく、ジャケットは体にぴったりしているが、圧迫されていると思われない程度のゆとりがあること、袖は、袖山を除いて完全にタイトであるべきです。（中略）いかなる種類のブレード、装飾もないこと(42)。

総じて、乗馬服に求められた洗練とは、一九世紀初めに男性スーツが完成させたテーラーリングのコンセプト——正確さ、完璧なフィッティング、地味なエレガンス(43)——であることがわかる。これを実現した乗馬服を着こなすことで、「レディー」の教養にふさわしいアクティビティーを行うことができると考えられたのだ。二〇世紀初頭のハンドブックの著者、アイエスは『ハムレット』を引用しつつ、「『できるだけ高価な服を買いなさい。ただし、見せびらかしはダメ。上等で、けばけばしくないものを。服は人を作る』、女性の場合も然り(44)」と述べ、乗馬服が標榜する独特のエレガンスを言い当てている。研究書、『人と馬』（一九八五年）の著者の一人、ドゥルスドーも、「イギリスのテーラリング技術の向上と、高いクオリティーのウールが入手可能になったことで、女性用乗馬服はジョージ・ブランメル（一七七八―一八四〇）がその典型を示した男性服のエレガンスと同等のものを発散させた(45)」と解している。ブランメルはダンディの祖として知られ、その服装は「計算し尽くされた端正さと完璧なフィッティング、そして控えめな装飾と地味な色に特徴がある。(46)」とされる。

男性スーツが完成させたシンプルなエレガンスは、女性用乗馬服の場合、ジャケットはもとより、スカートの美的近代化にこそ向けられた。改良されたサイド・サドルを使うと、右膝をポンメルに掛けるので、スカートのその部分が持ち上がる。そこに妙な引きつれやシワがよらないように、また、スカートの裾線が馬の腹と平行に落ち着くように、様々な工夫がなされたのだ。安全面、機能面での改善は先に述べたが、美的な改善も計られたのである。仕立て屋の中には、木馬を誂えて、顧客を馬に乗せた状態で裁断するものも現れた(47)。図3-6は一九二〇年ごろの仕立て専門誌に掲載されたものだが、馬に乗った状態を再現することで、スカート丈の微調整が可能になる。ファッション誌も仕立て屋独自の工夫を乗馬服の美的・機能的革新と捉え、読者に伝えた。『クイーン』（一八八三年七月一四日号）は、高級アウトドア用ドレスで知られるレドファン製の乗馬服を、「レドファン氏はポンメルの膝の外側をカッティングする、新しく、もっとも安心できる方法を採用したところです。それは座りがよく、せり上がってくることを防ぎます(48)」と報告した。同社は広告でもこの点をアピールし、「レドファンはポンメルの膝により自由を与え、乗馬服が引っかかるリスクを通常よりずっと減らす一方で、ぴったりフィットする新作を導入した(49)」と述べている。

図3-6　木馬に乗って裁断してもらう顧客

『レディーズ・ガゼット・オブ・ファッション』(vol. 2 一八八二年)も、「科学原理により、乗馬服を裁断する」[50]ベンジャミン父子商会の最新の工夫——ジャケットの後ろ身頃の裏にタブをつけ、スカートの脇の縫い目につけたループに掛けて、スカートを短くし、歩きやすくする——を「もっとも便利なアレンジ」[51]と賞賛した。乗馬の前後に、街着として着用することを想定しているようだ。実用美の開拓はさらに進み、ロンドンのウエストエンド、ニュー・ボンド・ストリートに店を構えるW・シングルトンは、スカートとズボンが一体化した「ゼニス・スカート」(Zenith skirt)なるものを開発し[52]、翌年には改良版を登録商標「セイフティー・コンビネーション・ハビット」として、美容書に広告を掲載した(図3-7)。キャプションによると、この「ツイン・ゼニス」スカートは、馬上では

図3-7 シングルトンのセイフティー・コンビネーション・ハビットの広告（1892年）

「普通の乗馬服に見え、下馬すると、ボタンを一つ留めるだけで、不快感を伴う見苦しさを解消する(53)」という。確かに、馬上の女性はサイド・サドルを使用し、右ひざを立てているが、スカートにしわは一本もなく、裾線が馬の腹と平行になっている。完璧な乗馬服だ。この女性は下馬すると、エプロン状のスカートの後ろ部分をボタンでスマートに留め（中央、後ろ向き）、街着として違和感なく歩き出している（右）。

異業種からの新規参入も進み、改良された乗馬服はオルタナティブ・ファッションとして、ミドルクラスの女性のワードローブの主要な部分に組み込まれていった。たとえば、喪服販売から大型洋品店に展開したピーター・ロビンソンは、一八八七年には、「最高級手縫い女性用乗馬ブーツ」を三七シリング六ペンスで販売し[54]、ウエディングドレスやブライズメイドのドレス、その他、嫁入り衣裳を中心に扱っていたカッパー商会も、黒、または青のサージ製乗馬服を二ポンド二シリングから、黒、青、オリーブ色、月桂樹色、その他新色のメルトン製とベネシャン製が六五シリングから七ポンド七シリングまで、布製、または、シャモア製乗馬用ズボンを二一シリングから扱うと、一八八〇年の広告に記している[55]。同店は女性用乗馬服を「自前の熟練職人によって店内で裁断、縫製」するので、「フィット感、スタイル共に保証」と断り書きを入れ、高いサービスと品質を売りものにした。『レディーズ・ガゼット・オブ・ファッション』（vol. 1 一八八六年）も、最新流行のドレスを紹介するコーナーで、「エレガントに着付けた女性」は「ボディスが乗馬服のようで、サテンの裏地がついたキャンバス地のベストと組み合わせます[56]」と報告している。

明らかに、改良された乗馬服は、男性スーツの持つシンプルなエレガンスを女性服に特徴的なスカートと融合することで、品のあるモダンな女性美を完成させ、女性のより自由で自立した行動を可能にしたと言える。典型的な例を見ておこう。口絵2は一八九〇年から一九一〇年ごろに制作された乗馬服である。チェシャー州ナントウィッチに住むパーシー・コート夫人が、一九五七年にウォーカー・アート・ギャラリー（リバプール）に他の衣類とともに寄贈した[57]。グレーのウール・サージ製で、長丈のジャケットとスカート、そして写真には写っていないが、右膝部分にカップ状の膨らみを持たせた同素材のセイフティー・スカートも現存する。ブリーチズ他、付属品は残っていない。ジャケットについたラベルによると、チェスターのエズラ・ジョンソン・アンド・サンズが製作した。ほぼ新品で、汚れや傷は見当たらない。ウール製なので、かなりの重量がある。ジャケットの前身頃はボタン三つで留め、袖口は折り返しが付き、飾りボタンが二つついている。後ろ身頃のかなり高い位置にベンツが入っている。スカートは後ろ全体が開き、ボタン五つで留めるスタイルである。ポケットもついている。スカートの裏側には伸縮性のあるベルトが二組ついている。馬上では、スカートのボタンを下からいくつか外し（下にブリーチズを履く）、このベルトに足を通して、スカートがめくれ上がることを防ぐのだろう。ジャケットには深いベンツが入っているので、馬上で裾が美しく垂れるはずだ。下馬したときには、見ての通り、活動的で品の良いスーツとして機能した。

3 ブリティッシュ・ファッションへ

ジャケットやスカートから余計な装飾を排除した「節約」、乗馬という目的を果たす「実用性の重視」、鞍の改良に伴うスカートの「工夫」と「発明の才」は、ミドルクラスが称揚する徳そのものでもある。また、改良された乗馬服は男性スーツの伝統的なコンセプトをスカートの機能的、美的革新に貢献させることで、男女の衣服のスタイルの融合を図った。単にスカートを捨てて、ズボンを履くよりも洗練された選択である。こうして品のあるモダンな女性美を完成させたことで、改良された乗馬服は従来の外出着のオルタナティブとしても機能するようになったのである。

このようにミドルクラスのファッション・センスが凝縮された乗馬服は、外国人の目にも魅力的で、イギリス人の国民性を表すものと映ったようだ。アメリカの小説家、ヘンリー・ジェームズの作品は先に挙げたが、フランス人の文学者・哲学者であるイポリット・テーヌは著書『イングランド・ノート』（一八七四年）の中で、さらにはっきりと述べている。

一般論として、衣服は体をイメージさせるべきだが、ここ［イギリス］では、ほとんど常にひどいものだ。例外は乗馬服で、体型に合った黒の乗馬服はシンプルで、装飾がなく、不屈の精神、力強さと健康な肉体を表示し、もう一つの例外は旅行服で、リボンが一本ついた小さな麦わら帽、質素なドレス、しっかりした革製の小ぶりのブーツであり、それらは健脚であることを示し、媚態はかけらもなく、夫とともに勤勉さの頂点へと登りつめることを可能にし、繊細で厄介な人形ではなく男性の真の友になることを可能にするのだ(58)……。

テーヌは、イギリス人のファッション・センスを全体としては見下しているが（第一章参照）、乗馬服と旅行服を例外的に上記のような美点があると認めている。つまり、乗馬服の実用的で質素な点——「シンプルで、装飾がない」——をイギリス人の強い精神力と健全な肉体——「不屈の精神、力強さと健康な肉体」——と結びつけ、男性の良き伴侶——「夫とともに勤勉さの頂点へと登りつめることを可能」——にする衣服に位置付けたのだ。後で見るように、旅行服は、乗馬服と兼用であることが多かった。

ここで、乗馬服を「男性の真の友になる」ための装備と捉えている点に注目したい。マックローンも指摘するように、ヴィクトリア朝人は「ズボンを男性の権威と結びつけ、女性がズボンを履くことは権威の侵害とみなされた。一方、スカートは『家庭の天使』や『神秘的な巫女』としての女性の特別な役割と結びついた(59)」と考えられてきた。また、チャドウィックによると、女性と馬は飼いならされていない「自然」を表象し、同情されるべきものとして、「文化」を表象する男性の支配下で保護されるべき対象とされていた(60)。これらの解釈に従うと、男性服のエッセンスを女性らしさのシンボルであるスカートの改良に組み込んだ乗馬服は、男性性の支配の強化を容認したと理解できる。または逆に、スカートの改良は男性の社会的・文化的優位に対する挑戦と把えることも可能かもしれない。確かに、ヴィクトリア朝後期からエドワード朝期には、女性の高等教育や社会進出が進み、それに伴い、男性優位が脅かされつつあったことが知られている。対して、テーヌは第三の可能性を示唆する。イギリス人女性の心身を男性と同等に強く、健全とみなし、それを可能にしたのがイギリスの乗馬服と考えたのだ。「繊細で厄介な人形」を作るファッションが従来のファッション、もしくは、フランス・モードならば、イギリスの乗馬服はこれと決別し、イギリス独自の新しい女性像を具現したことになる。改良された乗馬服は、真の意味でのモダンなブリティッシュ・ファッションである。

イギリス人も、テーヌの乗馬服贔屓をあながちお世辞とは取らなかっただろう。彼らの乗馬と乗馬服選びに対する自負も非常に強かったからだ。ヘンダーソンはハンドブックの中で、ドイツ人やフランス人女性は舞踏会やオペラのボックス席ではイギリス人女性に引けを取らないが、乗馬となれば、

「イギリス人女性には叶わない[61]」と述べている。乗馬服選びに関しても、「個人の趣味の問題」としながら、「この点に関してはイギリス人女性が秀でている[62]」と手放しで褒めている。乗馬服姿の女性が「イギリスらしい」と考えられはじめたのは一八世紀初頭に遡るようだが[63]、ヴィクトリア朝後期の乗馬服はモダンな女性美を体現し、外国人に「男性の真の友になる」と褒められることで、他国よりも進歩的で、優っていると信じられた。

したがって、ロンドンの仕立て屋が独自に改良を重ねた乗馬服が、海外旅行や植民地で暮らすための必須装備になったとしても驚くに値しない。雑誌には、外地への渡航に関して読者から様々な質問が寄せられたが、本国で仕立てた乗馬服を荷物に加えることはほぼ常識になった。もっとも、これは現地（ペルー、南アフリカ、ベニスから横浜まで様々）での乗馬を必ずしも意味しない。むしろ、乗馬服は旅行着兼、現地での移動、外出用である。したがって、アドバイスのポイントは、現地の気候に合わせて、どのような生地で仕立てるかだった。例えば、バミューダーを訪問する場合、乗馬服は「確実に必要」で、「もっとも薄い生地で作るのが良いでしょう。グレーのツイードかアルパカが着心地が良いでしょう。黒は熱を吸収します[64]」と『クイーン』の編集者はアドバイスし、テキサスの場合は、「ファッショナブルなものは必要ありません。使いでがあって、耐久性に優れたものが一番です。薄いツイードが乗馬服にはもっとも適しているでしょう[65]」と答えている。イギリス製の機能的でスマートな乗馬服は、気候や風俗の異なる遠い異国（その多くは当時のイギリス人の基準では、未発達か未開の地だっただろう）でも十分活用でき、結果的に、ロンドンのファッションの基準が世界にばらまかれることになった。

実際、ロンドンの基準は想像以上に厳格に守られたようだ。『ホース・ウーマン』の著者、アイエスは一八八五年に夫と伴にインドへ赴くにあたり、「ロンドンで最高の乗馬服の仕立て屋」として名高いクリードで一着作らせた。店主の助言――「厚いメルトン地の［通常の］スカートは暑い国では役に立たないので、代わりに、カーキ色のドリル地を勧められ」――のままに、一六ギニー支払った。一六ギニーは大金だが、クリードでは最低料金だったという。しかし、薄布でできたスカートで乗馬すると、「紙のように風で舞い上がり、上着の汗染みはとても見苦しかった」ので、結局、インド人の女中にやってしまった。薄地でできた乗馬服は現地の気候には対応しただろうが、スカートの裾から足が見えたり、上半身に汗染みが出るなど、イギリス流のシンプルなエレガンスを欠いたので、気に入らなかったのである。残念なことに、女中も「値段に見合った感謝を示さなかった」という(66)。代わりに、アイエスはメルトン製のスカートと白のドリル製ジャケットを作り直した。「ウエストより下には熱は感じられないので、より心地よい」し、白のジャケットは「色物よりも汗染みが目立たず、見苦しくない(67)」からである。たとえ灼熱のインドであっても、最優先されたのは洗練だった。このことは、彼女が（かなり痛い目にあったにもかかわらず）、乗馬服をロンドンであらかじめ仕立てるよう読者に助言していることからもわかる。スカートの下に履くブリーチズを作るなら、「オックスフォード・ストリートにあるタウツ・アンド・サンズ商会」へ行くべし。有能な女性仮縫い師がいたからだ(68)。

図3-8「士官の妻の生活シーン、インドより」『グラフィック』誌（1892年3月5日号）

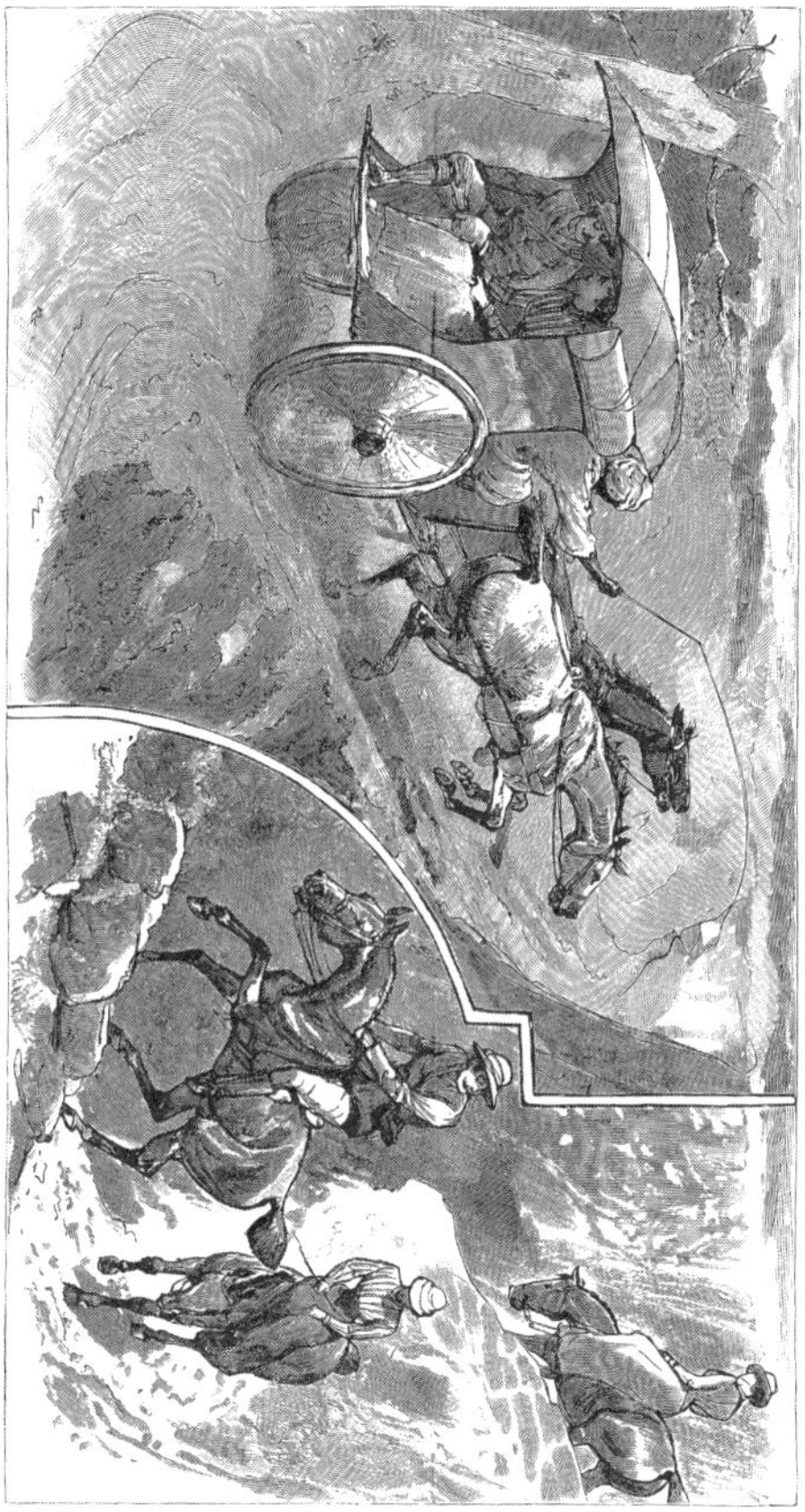

GOING UP TO THE HILLS IN A TONGA

A DIFFICULT BIT IN THE HILL COUNTRY

SCENES FROM THE LIFE OF AN OFFICER'S WIFE IN INDIA

DRAWN BY JOHN CHARLTON

服飾家、グッドラムは、「衣服は野蛮でエキゾチックな文化を馴染みのあるものにし、飼いならす手段である。つまり、故郷と本国を思い出させ、イギリスの国家的価値と理想的な市民であることの記号である」[69]と指摘するが、インドに行くことになったアイエスにとっても、乗馬服は同じ役割を担っていただろう。同様に、『グラフィック』誌（一八九二年三月五日号）掲載の「士官の妻の生活シーン、インドより」も、イギリス文化の洗練と優位、それを的確に示すことの難しさをユーモラスに表している（図3-8）。いずれも場面でも、妻は仕立ての良い乗馬服にきっちりと身を包み、サイド・サドルで通しているが、馬を制御しきれず四苦八苦している。女性の心身の自由を約束し、モダンな女性美を体現した乗馬服だが、イギリスらしさの不変の標章として馬上で着こなすには、かなりの練習と努力、経験が必要だったようだ。

第四章　メイドのハンナはファッション嫌い？

本章では、メイドの服を扱う。考察の際、実在のメイド、ハンナ・カルウィックが残した日記の分析を主要な資料の一つとする。ハンナは生涯、雑役婦（maid-of-all-work）として身を粉にして働いた労働者の一人だが、身分違いの恋人アーサー・マンビー（一八二八―一九一〇）の勧めにより、一八五四年から一八年間日記をつけていた。日記には、自分の職業に対する責任やプライド、雇用者との関係、さらに、マンビーとの逢瀬、彼の趣味などが事細かに記されている。つまり、一人のメイドの公私に亘る細事が克明に記録された貴重な資料である。日記は彼女の死後、リズ・スタンレーによる編纂、紹介文をつけて一九八六年に出版され、公になった。

ハンナの恋人、マンビーは特異な趣味の持ち主だった。上流階級にもかかわらず、下層階級の女性を偏愛したからである。ハンナとは秘密裏に交際を続け、彼女を上流階級の婦人に見立てた写真、男性や奴隷に扮した写真を撮影させるなどしていた。[1] 二人は一八七三年に極秘で結婚したが、結婚後も主人と家事使用人として振る舞い続けた。イギリスの階級制度は比較的流動性が高いと言われているが、それでもなお、上流階級の男性が下層の労働者の女性と真剣に交際し、結婚するなど、当時は考えられなかった。この意味でマンビーは社会規範から外れ、性的にも倒錯した人物と評価されることが多い。マンビーもことの異常さを十分認識しており、そのために表向きには、ハンナを家事使用人として家に置いた。

ハンナの日記は、彼女がマンビーとの特異な関係を続ける中で、メイドとしての自分の職業／地位をヴィクトリア朝イングランドの階級構造とジェンダー規範に照らして相対化し、女性労働者に留まる決断を下したことを示している。その決断は身につけるものにもっともよく現れた。一方、彼女が日記をつけていた一八五〇年代から七〇年代前半は、いわゆる「家事使用人問題」（The Servant's Problem）が浮上した時期である。使用人のなり手が減ったこと、ワーキングクラスにもかかわらず『わがまま』（headstrong）で、［主人の］いうことを聞かない家事使用人[2]が増えたという苦情が雇い主であるミドルクラスの決まり文句になっていった。さらに、この時期には、メイドの制服が広く用いられるようになった。本章では、1．雑役婦としてのハンナの位置付けと特異性を明らかにし、次に、2．家事使用人問題とジェンダー規範の問題点を衣服との関係から探り、3．ハンナのファッション観の考察と合わせることで、ミドルクラスとの階級闘争とジェンダー規範の問題が顕在化したヴィクトリア朝後期における、メイド服のモダンなイギリスらしさを探る。

1　雑役婦としてのハンナ

日記の編纂者、リズ・スタンレーによると、ハンナはヴィクトリア朝が始まる少し前の一八三三年にシュロプシャー、シフナルで生まれた。生家は貧しく、母親はメイド、父親は馬具製造人だったという。ハンナは八歳でパートタイムのメイドとして働き始め、一四歳で雑役婦になった(3)。雑役婦とは、質素な家庭に雇われる女性使用人で、家事全般にわたる下働きを担当する。掃除、調理、洗濯、裁縫、主人の給仕、来客の応対、上階へお湯を運ぶことや暖炉の火入れなどである。一八五四年に、彼女はロンドンでマンビーと出会う。マンビーは作家、兼詩人であり、スタンレーによれば、「生涯、下層階級の女性に取り憑かれていた(4)」。七三年に秘密結婚するまでの一八年間、ハンナは雑役婦として、マンビーはジェントルマンとして暮らした。交際は主にロンドンで密かに行なわれた。

特徴的なことは、ハンナはマンビーとの関係を最下層の下僕と主人、または、奴隷とその主人と規定していることだ。このことは、彼との出会いを綴った場面にすでに現れている。

二一歳になった次の日、ロンドンに再び連れて行ってもらった。兄が私に会いにきて、途中まで見送った。私はライラックのドレスと、青い水玉のショールに黒いボンネット、エプロンを付けていた。［兄の］ディックにキスをして裏通りを渡り、［奉公先の］グロブナー通りへ戻る途中、一人の紳士が私に話しかけてきて、それに答えた。それがご主人［Massa］で、それは私が火の中で見た顔で、それっきりしばらく会わなかった[5]（図4-1）。

マンビーが下層階級の女性に話しかけたのは、これが初めてではないが、ハンナを気に入ったことがわかる。一方、ハンナはマンビーを「紳士」（a gentleman）と表記し、すぐに、「ご主人様」（Massa）と呼ぶようになる。'Massa'とは、黒人奴隷が主人を呼ぶときの呼称である。翌年、彼が彼女の奉公先を訪ねてくると、彼女は「初めて顔を油と鉛で黒く塗った」とも記している。マンビーは体中、真っ黒になって働く最下層の女性労働者を偏愛したため、彼の求めに応じてのパフォーマンスだった。まさに、「ご主人様」と下僕の関係である。

ハンナは働き始めてかなり年月が経った後も、上級の仕事を選ぼうとはしなかった。家事使用人の中にも序列があり、雑役婦は最下層である[6]。最初の数年は下働きでも、次の就職先ではキッチン・メイドへ、さらに、料理番、または、ハウスメイドから最終的には家政婦として家族と奉公人たちの信頼を得て、比較的安楽に暮らすことが、家事使用人の目指す出世ルートである。ハンナは体力、家事能力とも優れており、それを買われて雇用先では重宝された。にも関わらず、一八五六年夏に雇われた先でも、年収一六ポンドの雑役婦として契約している[7]。そして、ハンナは生涯、雑役婦として働き続けた。もっとも、ペリーが当時の資料を元にまとめたもの[8]によると、年収一六ポンドは雑役婦としては平均より少し高い。ビールや砂糖、紅茶、洗濯代などの手当が支給されない場合の年収として、

図4-1　22歳の頃のハンナ（1855年ごろ）

一八六一年では九—一四ポンドと見積られているからだ。しかし、この金額は食料貯蔵室付きメイド（stillroom maid）や洗濯室付きメイド見習い（under laundry maid）など、下層家事使用人が受け取る年収と同額である。一方で、家政婦（house keeper）などの上級女性家事使用人は二〇—四五ポンドを得ており[9]、地位と年収が密接にリンクしていること、ハンナが低い地位に甘んじていたことがわかる。

ハンナが雑役婦の境遇に甘んじたのは、部分的には、マンビーの特異な趣味に合わせたからだ（ハンナが顔や体を真っ黒にしてマンビーの足を洗ったのは一度や二度ではない）。同様に、彼女自身、身を粉にして働くことに誇りを持っていたからでもある。玄関口の敷石磨きから台所の水拭き、暖炉の掃除など、大抵の家事使用人が嫌う重労働を引き受け、完璧にこなす強靭な体力と家事遂行能力、それによって自活できる喜びを、彼女は何度も日記に綴っている。例えば、職業案内所で偶然出会ったある女性（ハンナは彼女の態度から、「レディー」と判断した）からの申し出——イングランド南東部の海浜、マーゲイトにある下宿屋で夏の間だけ雑役婦として働かないか——を受けると、週給四シリング（年収換算で一二ポンド）にもかかわらず、快諾し、以下のように仕事内容を嬉々として綴っている。

下宿屋は汚くて、冬中、使用人はなし、下宿人もほとんどいなかった。だけど、今は私がいて、ナイト嬢［ハンナをリクルートした女性］と、いつも上の階にいる病身の姉、使用人がいないとやっていけない将校の娘たちがいる。私は彼らに給仕し、家中を掃除し、窓拭きに時間を費やした。ブラインドをすっかり下げて洗い、アイロンをかけ、ノリを付け、元どおりに掛ける。キッチンで一人でいること、仕事、マーゲイトの空気も好きだ。教会に行ったものだし、［日記や手紙］を自由にうまく書くことができたし、とても幸せだ。なので、夏中、ここにいることに同意した。(10)

さらに、同じく家事使用人として奉公に出ていた妹との会話で、「レディー」として暮らしたいかという質問に対して、「働いて、自分で生活するのは素晴らしいと思う」(11)という意見に賛成している。

以上が雑役婦としてのハンナの概略である。次に、当時深刻になっていた「使用人問題」とジェンダー規範の考察に進む。

2　家事使用人問題とジェンダー規範の問題点

（1）階級間の隔たり

家事使用人問題を考えるにあたって、まず指摘しなければならないことは、家事使用人の雇用形態は、一九世紀の半ばまでには、時代錯誤になっていた点である。歴史家、デビドフとホールによると、奉公人が主人の家に住み込み、主人の家父長的な責任に委ねられることは、一八世紀の間にほとんどの職業で廃れたという(12)。代わりに、労働者により多くの自由と独立が与えられ、報酬は金銭だけで支払われるようになった。ところが、家事使用人は旧態依然とした雇用形態を強いられ、これが大いに不満の種となり、「『わがまま』で、いうことを聞かない家事使用人」を増殖させることになった。もっとも、家事使用人には住む場所と食事が支給され、様々な役得（訪問者からのチップや雇用主から衣類のお下がりを貰い受けるなど）があり、生活としては工場労働者より安定していた。一方で、四六時中主人の命令に従わなければならず、長時間労働を強いられ、社会的、法的に弱い立場で、プライベートを持つことも難しかった。

要するに、家事使用人たちは拘束時間の削減と賃金に見合った自立を求めたに過ぎないが、雇い主の方ではそれを「わがまま」と捉え、身分の差や立場の違いを見せつけて、使用人を徹底的に抑え込もうとした。[13] このことは当時数多く出版された、使用人の扱いに関するハンドブックの記述に明確に現れている。『主人と使用人の掟』（一八八一年）の著者は、使用人は「怠惰で、不正直、飲んだくれで、生意気」[14] と嘆き、雑誌でも、使用人は気取って落ち着きがなく、厄介な恋愛問題を持ち込むと非難している。[15] 使用人と雇用者の間で繰り広げられた経済的、心理的自立の要求と家父長的権威の攻防戦が「使用人問題」として、一九世紀半ば以降、繰り広げられたのだ。図4-2はこの問題を雇用主側から捉えたイラスト、「不適切な家事使用人たち」ある。一八七八年に『グラフィック』誌に掲載された。子供をほったらかしにするナース・メイド、主人の手紙を盗み読みするハウス・メイド、給仕そっちのけで主人やゲストたちの話に聞き入るメイド、暖炉の上の置物をスカートの裾に引っ掛けて粉々にしてもとぼけるメイド（「砕ける音は聞こえましたが、何のせいだかわかりません」）、主人が大切にしている絵を雑巾で拭き取ってしまうメイド。彼女は「ちょっとこすってしまっていたら、週給から引いてください」と開き直る。ひどい給仕をしても、「これが私流です」と口答えする家政婦や、デートの約束があるから、明日は休みますと宣言する「自分勝手な」メイドも描かれている。

雇用主と使用人の間で繰り広げられた階級闘争は、身に付けるものにもっとも顕著に現れた。ミドルクラスの人々は、それなりに高級でファッショナブルな服を着こなすためには、生まれ持った上品さが不可欠であると信じていた。つまり、いくら背伸びをしても、ワーキングクラスはレディーにはなれないと考えたのである。この不文律を犯したメイドを身分不相応と非難し、華美な服装は道徳的堕落、特に性的逸脱に繋がると警告した。[16] 例えば、『なぜ一九世紀の家事使用人は現在のように装う

郵便はがき

恐縮ですが
切手をお貼
りください

112-0005

東京都文京区
水道二丁目一番一号

勁草書房
愛読者カード係行

(弊社へのご意見・ご要望などお知らせください)

・本カードをお送りいただいた方に「総合図書目録」をお送りいたします。
・HP を開いております。ご利用ください。http://www.keisoshobo.co.jp
・裏面の「書籍注文書」を弊社刊行図書のご注文にご利用ください。ご指定の書店様
至急お送り致します。書店様から入荷のご連絡を差し上げますので、連絡先(ご住所
お電話番号)を明記してください。
・代金引換えの宅配便でお届けする方法もございます。代金は現品と引換えにお支
いください。送料は全国一律100円(ただし書籍代金の合計額(税込)が1,000
以上で無料)になります。別途手数料が一回のご注文につき一律200円かかりま
(2013年7月改訂)。

愛読者カード

65420-8　C3036

本書名　メイド服とレインコート

お名前《ふりがな》　（　　歳）

ご職業

ご住所　〒　　お電話（　　）　－

本書を何でお知りになりましたか
書店店頭（　　書店）／新聞広告（　　新聞）
目録、書評、チラシ、HP、その他（　　）

本書についてご意見・ご感想をお聞かせください。なお、一部を HP をはじめ広告媒体に掲載させていただくことがございます。ご了承ください。

◇書籍注文書◇

最寄りご指定書店

市　町（区）

書店

（書名）	¥	（　　）	部
（書名）	¥	（　　）	部
（書名）	¥	（　　）	部
（書名）	¥	（　　）	部

ご記入いただいた個人情報につきましては、弊社からお客様へのご案内以外には使用いたしません。詳しくは弊社 HP のプライバシーポリシーをご覧ください。

のか』（一八五九年）の著者は、「服への偏愛」がなぜいけないのかの理由を以下八つも揚げ、これを可能にした最大の原因を「教育」としている。教育が使用人を身の程知らずにしたという主張である。

1 日曜の礼拝を冒涜する、2 むやみに欲しくなる、3 欺瞞をもたらす、4 上位者に対する不服従をもたらす、5 すべての事柄に悪い習慣をもたらす、6 華美を招き、自己中心的になる、7 不道徳を招く、8 不正直を招く(17)

加えて、虚栄心のためにわずかな給金を無駄使いし、くだらないものを買い漁るメイドのイメージもミドルクラスの間では根強かった。『家事使用人のための常識』（一八五〇年）の著者は、「薄汚い晴れ着ほど不愉快なものはない」と述べ、その例として、「モスリンのドレス、造花」を挙げている(18)。これらは安価ではあるが、実用的ではないので、労働者には無用の長ものとミドルクラスの人々は考えたのである。別の書物では、一見豪華だが、メイドたちが好む安物の派手な装飾品の類として、「日傘や、花がふんだんに飾り付けられた白いガーゼ製のボンネット、ヴェール、機械織りレース製のクローク、房飾りがついたハンカチ、刺繡の施された袖など(19)」を挙げている。

（2）ミドルクラスが求めるメイドの服

代わりに、ミドルクラスの人々がメイドに勧めたのは、「おとなしく、控えめに装う」こと、「こぎ

『グラフィック』誌（1878年12月12日号）

図 4-2 「不適切な家事使用人たち」

れいで、経済的であること」[20]である。実用性を最重要視した質素な服装こそ労働者にふさわしいと考えたのだ。そしてこの発想が、地味で、着用者の性的魅力を押し隠したメイドの制服へと発展したと、ドーズは研究書、『使用人の前ではなく』（一九七三年）で示唆している。[21]久我も、メイドに特定の服装をさせるようになったのは、家事使用人の雇用がミドルクラスの間で進んだ一九世紀後半だと述べている。[22]同様にフォーティも、一八六〇年代以降、それとはっきりわかる服装——白いキャップ、白いエプロン、黒いドレス——を、特に来客に接するメイドに着せて、使用人であることが一目でわかるようにしたという。[23]図4－3は一八八九年に撮影されたメイドの写真（carte de visite）である。おそらく、奉公先の裏庭で撮影されたものだろう。二人とも白いキャップ、エプロン、黒のドレスを着用している。一人は伝統的な紐なしエプロン（ピンで胸に留めるスタイル）を、座っているメイドは肩紐がついた新式のエプロンを掛けている。[24]

メイドの制服を規定した初期の例として、ハンドブック『家事使用人のための常識』（一八五〇年）の著者は、「コットン製のこざっぱり仕立てられたドレスに、きちんとした白いエプロン、ボビンネット製のきちんとして清潔な小さなキャップ」が使用人の地位にふさわしいとしている。[25]一八八九年に出版されたルイス夫人の『現代における家事奉公』では、パーラー・メイドのお仕着せを「きまり」として挙げ、その経済性を説いている。

良い家庭では、パーラー・メイドは午後に黒いドレスに優美なキャップ、白いカラーとカフス、レースやフリルがついた白いエプロンをつけることが、今では決まりになっています。これは何よりも適切です。もし、少女が少しでも美しいと主張するなら、彼女を引き立てる衣装です。さらに、経済的でもあります。黒いドレスは決して古臭くならず、ボロボロになっても着ることができるからです。仕立て直すことが何度でもでき、着用はほぼ無限です。(26)

パーラー・メイドとは、来客の応対と給仕を主な仕事とし、居間やダイニングルーム、食料品室他の掃除をハウス・メイドと共に行うメイドである。一九世紀後半の多くの家庭では、高い給金を払わなければならない男性家事使用人、フットマンに取って代わった。

図4-3　制服を着たメイドたち（1889年）

ルイス夫人は午前中に着用するドレスについてもアドバイスし、「可愛らしい、明るいプリント・ドレスを着用すべき」で、特にピンクのドレスと白い帽子、エプロンが「非常にふさわしい」と推薦している。「プリント・ドレス」とは、コットン製の柄もののドレスをさすが、これは次章でも考察するように、家事使用人の労働着だった。そういえば、

図4－2に描かれたメイドの中にも、プリント・ドレスを着ているものがいる。このような雇用主側の好みは、規則としてメイドに押し付けられる傾向が進んだ。一八八〇年に書かれた家事使用人用のハンドブックには、ハウス・メイドがパーラー・メイドを兼ねる際は、「ランチや昼間のディナーの前に、着替えることが要求される」[27]と念を押している。

雇い主がお仕着せを家事使用人に支給する場合、雇う側との階級差をさらに様々な形で示した。時代は少し下るが、ウォーカー・アート・ギャラリー（リバプール）には、一九一〇年代から四〇年ごろのメイドのエプロン（午後用）、帽子など、数十点が現存する。すべて地元の有力者、ティン家のエミリー夫人（一八八六―一九六六）がメイドのために買い揃えたものだ。ティン家は砂糖貿易と船主として、財産を築いた。メイドの衣類はティン家の膨大な衣装コレクションと共に、エミリー夫人の死後、同ギャラリーが取得した。現存する家事使用人の衣服はほとんどが未使用で、販売元のラベルや値段がついたままのものもある。特に目を引くのは、来客に応対するための午後用エプロンである。すべてに装飾がついており、中には、極薄のモスリン製で、黒のコットン・ベルベットのベルトがついたもの[28]、また、胸当て部分が六角形で、裾の両端も同様に折り込まれ、縁を機械織りのレースで装飾するなど[29]、凝ったものも含まれている。しかし、どのエプロンもミシンで製作され、ナプキンの縁ように数センチ幅の共布で縁の処理をしている。これは大量に早く作るため、そして、着用時に縁が浮き上がることを防ぎ、形状を安定させるための工夫と思われる。色はすべて白、素材はコットン、縁のレースも機械製白糸刺繍である。色数を抑えた刺繍はワーキングクラスの女性にふさわしいと考えられてきた。[30] 帽子やカフスも同様の素材でできている。一方、ティン夫人自身が着用した衣類は、ブラウス一枚とっても、生地、装飾共に格段に豪華で繊細である。[31] メイドのエプロンの縁を飾る刺繍は、むしろ夫人の下着のクオリティーに近い。[32] さらに、夫人が自身の衣服をあつらえる場合は、リバプール中心部の高級洋品店が集中する、ボールド・ストリート、チャーチ・ストリート、バスネット・ストリートで求めた。[33]

これに対し、メイドの服は全く別の通りにある格下の店で購入された。エプロンや帽子には、「ブルースターズ、53＆55バイロム・ストリート」と記されたラベルが付いているものが多い（図4－4）。バイロム・ストリートは中心部からやや北に外れた位置にある。この通りは一九世紀前半には、生地、糸やトリミング類を供給する店が並んでいたが、[34] 二〇世紀に入ると、安価な既製品を扱う店が増えたようだ。[35] リバプール文書館所蔵の一九〇〇年頃の写真を見ると、通りには「ショール、外套、ボンネット、グローブ、靴下他」などの既製品を売るクック・アンド・タウンゼンドと名乗る店があったことがわかる。[36] ショーウインドーに商品が雑然とディスプレーされ、極めて庶民的である。図4－5は同店の一九一六年ごろの「スペシャル・セール」の広告である。「値段が大衆的」（at popular prices）であることを強調している。さらに時代が下って、一九三九年にこの界隈を撮影した写真では、ブルースターズの向かい側、五二から六二番地に、おもちゃ屋、床屋、洗濯屋、フライドフィッシュの店、タバコ屋、薬局があったことがわかる。[37] ブルースターズは少なくとも二〇世紀の初めの数十年間、リネンやコットンの既製品を主力商品として扱う大衆的な洋品店、または卸売店として、この庶民的な

図 4-4　ブルースターズのラベル（1910 年代～ 1940 年）

図 4-5　クック・アンド・タウンゼンドの広告（1916 年ごろ）

通りで商っていたと考えられる。ティン夫人が家事使用人の衣服を取り寄せたのは、このような店だった。

(3) メイドの反発

お仕着せが支給されない場合には、メイドたちは自己負担を強いられた。一八四四年出版の辞典を参考に、ペリーが割り出した衣服費によると、年収七ポンド七シリングのメイドの場合、上質のコットン製ドレス一枚（七シリング八ペンス）と通常の仕事用ガウン二着（七シリング）を含め、全体で四ポンド一三シリング二ペンス必要だった[38]。年収一二ポンド一二シリング以上の場合、合計で七ポンド一八シリングの衣服費がかかる。これらの金額にはショールや手袋など私用に使われるものも含まれるが、いずれにしても、給金の半分以上を占め、かなりの負担だったことがわかる。一九一三年に一四歳でメイドとして奉公に出たウィニフレッドも、衣類一式（白いエプロン六枚、簡素な午前中のグレーのドレス二枚、午後用のダーク・グレーのドレス一枚、ダーク・グレーのコートと帽子各一、白い帽子二枚）に、母親が六ポンド払ってくれたと回想録で述べている[39]。

当然のことながら、雇用主からの公私に亘る介入をメイドたちは嫌った。一九二五年春にスカラリー・メイド（台所で最下層のメイド）になったジーン・レニーは、同年のクリスマスプレゼントに雇用主からもらったプレゼントの包みを開けて、がっかりしたと記している。それは、メイドが午前中に着用する仕事着のための服地（コットン）だったからだ[40]。一八七六年に石工の娘としてオックスフォード・シャーで生まれたフローラ・トンプソンも、ミドルクラスが妄想する素朴な田舎娘像にうんざりしていた。回想録には、日除け帽を被って、農民らしい媚態を示す田舎娘など、一九世紀末にはもはや存在しなかったと証言している。代わりに、人々が辺鄙な田舎でも目にするものは、「手袋とベールで仕上げた、街着を着た一〇代の娘」で、休暇で一時帰省したメイドである。(41) つまり、多くのワーキングクラスの女性はおとなしく、控えめに装ったり、こぎれいで、経済的であることよりも、都会のファッションを自分なりに楽しむことに興味があったのである。

一方、メイドに対する過剰とも言える介入は、雇い主側の不安の表れでもある。ヴィクトリア朝期の間、メイドの数は増えたと言われているが、(42) それはハンナのような雑役婦を一人雇うことができる程度の質素な家庭が増加したからに過ぎない。つまり、ワーキングクラスの上層部と紙一重の経済状況と育ちの雇用者の増加である。そのような家庭では、女主人はメイドよりも社会的に上位で品が良いこと（レディーであること）を、衣服によって適切に表すことができないのではないかという不安を抱いただろう。実際、その不安は益々現実味を帯びていった。当時の雑誌、新聞には、流行のドレスや服飾小物の廉価版が大々的に広告されており、入手は容易だったからである。図４‐６はロンドンにあった安物洋品店、ベイカー・アンド・クリスプの広告である。質素なミドルクラスを主要読者とする『イングリッシュウーマンズ・ドメスティック・マガジン』（一八六八年一〇月号）の広告欄に掲載された。広告によると、初秋用のドレス地一着分が八シリング一一ペンスから、夏用のドレス地はディスカウント価格で二シリング一一ペンスから販売されている。奉公先が田舎であっても、ファッション情報は雇用主が読む雑誌から手に入れることができた。ウェブによると、一八七〇年以降、初等教育が義務化され、識字率も上昇していた。世紀半ばまでには、ワーキングクラスの六〇〜七〇パーセントが字を読むことができたという(43)。したがって、メイドが女主人と似たようなドレスを着て、女主人のように振る舞うことは実質上可能になった。そのためになおさら、メイドには身分の違いを明示する制服を、プライベート時にも質素な衣服を強要したと考えられる。

(4) ミドルクラスのジェンダー観と使用人

家事使用人の行動、態度は雇用主たるミドルクラスが責任を持つという家父長的義務感と抑圧に加え、ミドルクラスのジェンダー観が問題を拗らせた。男性家事使用人の場合、女性よりも早い時期から制服着用を義務付けられていたにもかかわらず、彼らの古風で風変わりなお仕着せや、プライベートで着用する衣服が道徳上の問題になることはほとんどなかった。なるとすれば、むしろ雇用者側の

図4-6 ベイカー・アンド・クリスプの広告、The *EDM*（1868年10月）

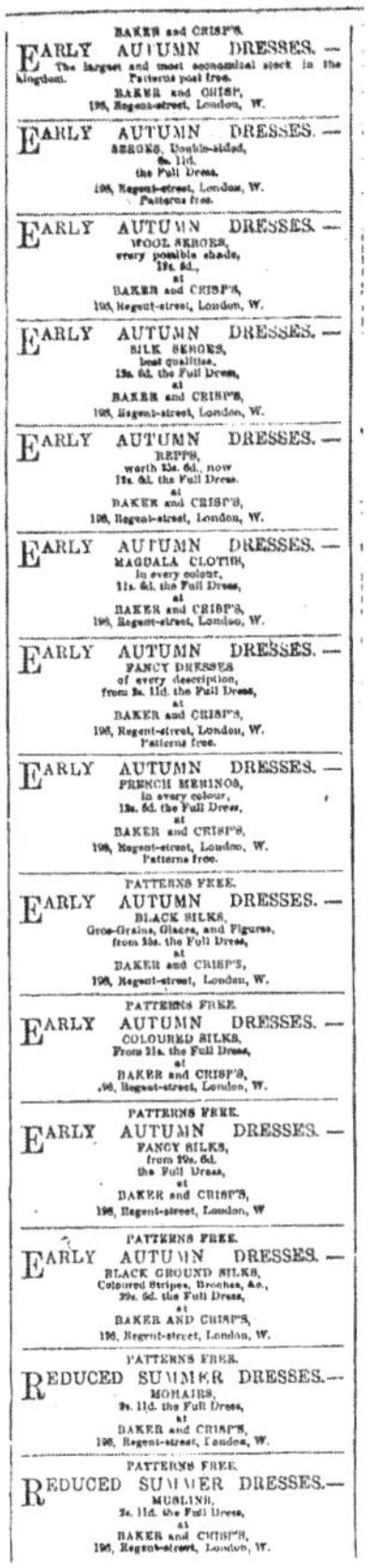

BAKER and CRISP'S.
EARLY AUTUMN DRESSES.— The largest and most economical stock in the kingdom. Patterns post free.
BAKER and CRISP,
198, Regent-street, London, W.

EARLY AUTUMN DRESSES.— SERGES, Double-sided, 8s. 11d. the Full Dress.
198, Regent-street, London, W.
Patterns free.

EARLY AUTUMN DRESSES.— WOOL SERGES, every possible shade, 12s. 6d., at
BAKER and CRISP'S,
198, Regent-street, London, W.

EARLY AUTUMN DRESSES.— SILK SERGES, best qualities, 13s. 6d. the Full Dress, at
BAKER and CRISP'S,
198, Regent-street, London, W.

EARLY AUTUMN DRESSES.— REPPS, worth 25s. 6d., now 12s. 6d. the Full Dress. at
BAKER and CRISP'S,
198, Regent-street, London, W.

EARLY AUTUMN DRESSES.— MAGDALA CLOTHS, in every colour, 11s. 6d. the Full Dress, at
BAKER and CRISP'S,
198, Regent-street, London, W.

EARLY AUTUMN DRESSES.— FANCY DRESSES of every description, from 8s. 11d. the Full Dress, at
BAKER and CRISP'S,
198, Regent-street, London, W.
Patterns free.

EARLY AUTUMN DRESSES.— FRENCH MERINOS, in every colour, 12s. 6d. the Full Dress, at
BAKER and CRISP'S,
198, Regent-street, London, W.
Patterns free.

PATTERNS FREE.
EARLY AUTUMN DRESSES.— BLACK SILKS, Gros-Grains, Glacés, and Figures, from 25s. the Full Dress, at
BAKER and CRISP'S,
198, Regent-street, London, W.

PATTERNS FREE.
EARLY AUTUMN DRESSES.— COLOURED SILKS, From 21s. the Full Dress, at
BAKER and CRISP'S,
198, Regent-street, London, W.

PATTERNS FREE.
EARLY AUTUMN DRESSES.— FANCY SILKS, from 29s. 6d. the Full Dress, at
BAKER and CRISP'S,
198, Regent-street, London, W

PATTERNS FREE.
EARLY AUTUMN DRESSES.— BLACK GROUND SILKS, Coloured Stripes, Broches, &c., 29s. 6d. the Full Dress, at
BAKER AND CRISP'S,
198, Regent-street, London, W.

PATTERNS FREE.
REDUCED SUMMER DRESSES.— MOHAIRS, 9s. 11d. the Full Dress, at
BAKER and CRISP'S,
198, Regent-street, London, W.

PATTERNS FREE.
REDUCED SUMMER DRESSES.— MUSLINS, 2s. 11d. the Full Dress, at
BAKER and CRISP'S,
198, Regent-street, London, W.

虚栄がもたらした害悪と解釈された[44]。ところが、メイドが少しでも着飾ると、激しく非難されたのである。

ここで重要なことは、ヴィクトリア朝期のミドルクラスが信じていた「補完的な性の役割」（Complementary relations between man and woman）である。これによると、ビジネスの世界は男性の領域であり、男性には決断力、自信と理性が求められた。一方、家庭は公の場であるビジネスとは対局に位置付けられ、女性の領域とされた。家庭は安息地と理想化され、そこを司る女性は無垢で慎み深いことが求められた。男性が経済的、知的必要性を満たす見返りに、女性は男性を情緒的にサポートすることを期待されたのである[45]。さらに言えば、女性は経済活動を一切せず、メイドを雇用することで、家の中でも何もしない「暇な性」であることが求められた。このような「補完的な性の役割」を遵守することで、ミドルクラスとしての体面とリスペクタブルな生活が保証されると考えられたのである。ミドルクラスの女性が着用する衣服はこの階級特有の補完的役割を表象すべく、男性の経済力、社会的身分に準じたものであるべきで、そうすることで彼女の従順さ、慎みが示されるとみなされた。ミドルクラスの社会では、階級意識とジェンダー観が深く絡み合っていたのである。

したがって、ミドルクラスの視点に立てば、メイドがレディーのように着飾ることは（「猿真似」としばしば表現された）、二重のコード違反となる。労働には適さない豪華な衣服を求めることで、自身の階級からの逸脱と、ミドルクラスの特権であるはずの性の補完性を壊乱したからである。そうさせないために、メイドに制服と、プライベート時にも質素な服装を強要したのだ。だが、ワーキングクラスの女性の視点に立てば、このような批判は全くのマト外れである。そもそも自分の給金で身につけるものを賄うのだから、衣服は男性の庇護を表さない（ワーキングクラスは男女ともに労働力であることを忘れてはならない）。自分の給金で調達する以上、服装（特にプライベート時）を雇用主からとやかく言われる筋合いもない。先に挙げたレニーの回想録には、プライベート時の衣服の調達も言及されているが、彼女は自分のお金で生地を買い、自分で仕立てる。この行為に雇用者に対する気後れは見られないし、ミドルクラス的なジェンダー観など微塵もない(46)。

要するに、メイドの制服は階級間の軋轢と、ミドルクラス特有のジェンダー観をワーキングクラスの女性に押し付けることで生じた緊張関係の産物である。

3　ハンナのファッション観

(1)　メイドとして、女性として

ハンナも度々、雇用主と使用人の間に生じた階級、ジェンダーの問題を日記に記しており、彼女のファッション観もこの緊張関係を反映していると考えられる。ただし、単純ではない。まず、ハンナは同時代の「わがままな」家事使用人とは異なり、メイドの仕事着を嫌っていない。むしろ、誇りにしていた。マンビーと出会った頃の服装は先に引用したが、マーゲイトの宿屋で雑役婦をしていた頃

の服装も、同様に質素で実用的、且つ、古風だ。それは「ゴワゴワしたドレス、グリーンの格子柄のショールと黒のボンネット、厚底のブーツ、もちろん手袋なし」[47]である。「ごわごわしたドレス」は洗濯に耐える丈夫な生地でできていただろうし、度重なる洗濯のために、風合いが損なわれたことがわかる。「格子柄のショール」は一九世紀半ばには大流行したが、その後、機械織りの安価な製品が大量に出回ると、極めて質素な労働者の女性でも所有する定番衣料になった[48]。「厚底のブーツ」は長距離や悪路を徒歩で移動する時に適している。

このような服装を好む理由の一つは、流行とは無関係で、むしろみすぼらしい服装をマンビーが偏愛したからである。先に示したライラックのドレスを、ハンナは次のようにも記録している。「ご主人様が大好きな白地にライラックの古風で可愛らしい花柄のドレス」[49]（図4-1も参照）。ペリーが考察したところでは、マンビーは「他の人が粗末で、醜く、不潔で危険とみなすものに、優雅さ、美、純粋さと誠実さを見た」[50]というから、下層階級の質素な服装に特異な美しさを見出したのだろう。そして、彼にとって、このような服装をしたハンナこそが魅力的だった。彼女と秘密裏に会う時にも、マンビーはハンナに家事で「汚れたままで」来るように頼んでいる。これに応じて、ハンナはストランド（ロンドンのウエストエンド）まで、「汚いドレスとストライプのエプロン、古いボンネット、手、腕、顔は汚いままで」[51]、歩いたと記している。ストライプのエプロンは、掃除や洗濯など重労働をする時にメイドがつける実用本位のエプロンで、来客の応対のためにつける装飾用の白いエプロンとは用途、見た目ともに異なる。

ハンナにとって、メイドの質素で実用的な作業着は、マンビーとの関係における彼女の女性らしさと乖離していない。しかし、さらに重要な理由がある。ハンナは質素なドレスにメイドとしての技量と職業人としての誇りを投影しているのだ。一八六七年三月にマーゲイトに奉公に出るときの描写は、そのことをはっきりと表している。

私は幸せな雑役婦で、拘束もなく、好きなように一生懸命働き、私が働くのを見るのが好きな本物のレディーに仕え、私を理解し、私の大きなキャップやエプロンを正しく評価し、ありがたくも日々の仕事以上の高等なことを私に話してくれるのだ(52)。

この女主人との間に階級差はあっても、反目はない。むしろ、態度や物腰から「レディー」であることがわかる主人に家事使用人として仕えることに、ハンナは誇りを持っている。作業用の「大きなキャップやエプロン」はそのための装備であり、女主人も有能な職業人として彼女を扱った。さらに、この服装はハンナが自分の意志で選んだものであり、それゆえ、誕生日でさえ、いつものように「ストライプのエプロンとキャップ、コットンのドレスを着て」、普段にも増して熱心に「台所の床をこすった」のである。このような重労働を可能にする「健康、体力、その他の恵みを神に感謝する(53)」と、彼女は記している。

3　ハンナのファッション観

一方、メイドの一般的な服装であっても、彼女の意志に反したものは嫌った。ハンナは一八六三年から一年半、フォスター家に仕えた。主人はビールを扱う商人だったので、マーゲイトの女主人よりも裕福だったと思われる。しかし、ハンナの仕事は下働き全般に加え、パーラー・メイドとして来客の応対や給仕をせねばならず、その都度、捲り上げていた袖をおろし、清潔で見栄えの良いエプロンにかけ替えるなど、それ相応の服装に着替えなければならなかった。スタンレーは、彼女がこれを煩わしいと感じていたと分析している。[54] さらに、別の奉公先では、雇用者に品がなく（「レディーのようには見えない」とハンナは記している）、同僚も「リボンや小さなキャップ」で飾り立てるばかりで、ろくに仕事をしなかった。これを「家同様、使用人たちも平凡で品がないように見えた」ので、「同類にされることにむしろ腹が立った[55]」と述べている。仕事には向かない装飾品の使用は虚栄に他ならず、プロとして失格と彼女は考えたのだ。それを容認する雇用主も、レディーと名乗るに値しないと見ている。ハンナの古ぼけたドレス、大きなキャップやエプロンは、このような人々とは異なることを示すための装備でもある。

(2)　レディーとして

これまでのところ、ハンナのファッション観はミドルクラスがワーキングクラスの女性に求める理想に完璧に合致しているように見えるので、当世風のチャラチャラしたメイドには彼女の爪のアカでも煎じて飲ませてやりたいと思うほどだ。しかし、ハンナはそれほど保守的で従順だったのだろうか？　実は、彼女はミドルクラスの階級意識とジェンダー観に疑問を投げかけている。それは、マンビーが付き合うにふさわしい「レディー」として外出する時に現れた。

ハンナはレディーとして出かけるときに、シルクのドレスを着用し、普段はしないシルクの手袋を用意する。しかし、「レディーのように誰か［本物のレディー］の隣に座っていると、少し変な気持ちがした」(56)と述べ、違和感を示す。フランスへのハネムーンでは、マンビーからの様々な贈り物――「雄鶏の羽根がついたフェルトのハット、ヴェール、ショールを留めるための新しいブローチ、新しいレインコート」――に喜びはするものの、レディーの服装を息苦しいと感じた。そのため、「大抵はグレーのドレスの上に、ブルーのスカートとジャケットを着て、首にはフリルを付け、白いカフスとグレーのキッドの手袋、ストライプの日傘を持った」(57)。「グレーのドレス」や「白いカフス」は家事使用人の比較的上等な服装である。その上に、マンビーの妻にふさわしく、より上等な衣類を着た。メイドとレディーの折衷、ワーキングクラスとミドルクラスの女性服のスタイルの融合である。しかし、汽車の中で一度外した手袋を再び付けるようにマンビーに促がされると、「手袋を付けるように強いられることは、辛いと思った」と書いている。手袋は季節を問わず、ミドルクラス以上の男女ならば必ず着用するアクセサリーの一つである。いわばリスペクタビリティーの印を、ハンナは「強いられた」と感じ、それを「辛いと思った」のである。

ハンナにとって、メイドの仕事着がいかに内面化されているかは、ハネムーン途中での着替えからはっきりわかる。ロンドンへ戻る途中のフォークストンで、彼女はメイドとしていつも身につけている小物を取り出す。「［フランスに］行くときには、古い黒のボンネットを被り、フォークストンで脱いだが、ここで再び被り、スカートの上に格子のショールを掛けたので、［二人の住居である］テンプルへ入る時も、出るとき同様、人目につかなかった[58]」と記している。そして帰ってくると、「帰ってきて本当に嬉しい。晴れ着を全て脱いで、いつもの服を着た。汚いコットンのドレス、エプロンとキャップだ[59]」と、書いている。

時期的には、結婚よりも前だが、マンビーが友人の一人（マンビーと同階級）を自宅に招き、恋人であるハンナの素性を明かす非常に重要な場面でも、ハンナはメイドの仕事着に執着した。彼女は「できるだけ落ち着こうと覚悟を決めて」、以下のような服装をした。

私は黒のシルクのドレスを用意し、装飾のついていないネットのフリルを首と袖につけ、顔を綺麗に洗い、髪をピンで後ろに留めた。どうやって結いあげたら良いのか知らなかったから。黒いシルクドレスの下には、いつものコットンのドレスとエプロンをつけていた。一日中、いつものように働いた[60]。

下層家事使用人の労働着の上に、マンビーのフィアンセとしてふさわしい「黒のシルクのドレス」を着るハンナ。結局、友人は二人の結婚に反対し、ハンナは失望することになるが、マンビーとの関係を初めて他者に明かすこの重要な場面でも、ハンナはメイドの服を脱ぐことはなかったのである。つまり、ハンナは、働いて自活するメイドのアイデンティティーを捨て去ることができないのだ。彼女にとってレディーの服装は、メイドという職業に対する誇りとアイデンティティーとは相容れなかった。

ハンナは、労働者が身分不相応に装うことを「虚栄」であり、「下品」[61]と見なした。そればかりか、上の階級の女性たちの服装を精神的、経済的束縛であると見抜いている。ハイドパークに集う男女を、「誇らしげに着飾った人たちがたくさんいた。馬に乗っているもの、美しいシルクのドレスを半ヤードも地面に垂らしている女性もいて、私はそれをみっともないくらいの浪費で、馬鹿げていると思った。」[62]と記している。ハンナにとって、ファッショナブルなドレスは自分よりも上の階級の女性の特権であると同時に、男性の庇護の元で不活発な人生を送るという、階級特有のジェンダー観を露呈した。妹との会話の中で示したように、彼女は「働いて、自分で生活するのは素晴らしいと思う」ので、男性への従属を表すファッションを拒絶し、その対極《オルタナティブ》に位置するものとして、メイドの質素な服を選んだのである。

ハンナは上流階級であるマンビーとの交際を通して、ヴィクトリア朝ファッションの真実を学ぶ機会を得ていた。確かに、ハンナのような経験をした女性は稀であるが、彼女はミドルクラスの階級意識とジェンダー観がメイドの衣服を介してもつれ合う現実を直視し、身を以て経験することで、働く女性としてのアイデンティティーと衣服の新しい関係を模索した。マンビーは半ば諦めて、ハンナを「ファッション嫌い」[63]と言ったが、むしろ彼女が着続けた質素なメイドの服は、女性のより自由で自立した行動を可能にするモダンなブリティッシュ・ファッションのワーキング・ウーマン版を予感させる。

第五章　夏の海辺で、花柄のコットン・ドレス

花柄は定期的に流行る。スカート、ブラウス、ハンカチからポーチ、犬の服にまでフラワーモチーフが使われ、氾濫し、飽きられて突然消える。しばらくすると趣向を少し変えて、また登場。この繰り返しである。しかし、イギリス人にとって花柄は、ファッションで特別な位置を占めてきた。それはキットソンやローラ・アシュレー、リバティー・プリントのためでもあるが、一九四〇年代、五〇年代にイギリス国内外を席巻したホロックス・ファッションズ（花柄コットンのワンピース）の存在が大きい。そこで本章では、このファッションについてまず概説し、本題であるヴィクトリア朝後期の花柄コットン・ドレスに遡ることにする。

1　ホロックス・ファッションズ

ホロックスはイングランド北西部、ランカシャーのプレストンにあった綿織物の生産業者である。創業は一七九一年だ。周知の通り、産業革命は綿織物の機械化を皮切りに始まったが、ホロックスの創始者ジョン・ホロックス（一七六八―一八〇四）もこの恩恵に預かり、事業を一代のうちに急速に拡大、一九世紀初めの最盛期には大英帝国の隅々にまでその名が知れ渡るほど隆盛を極めた。ホロックスの綿布はいずれも高品質だったために、事業が人手に渡った一八四六年以降も、「ホロックス、コットンで最も偉大な名前」（'Horrockses, the greatest name in cotton'）をモットーに、妥協を許さず、綿織物業界の頂点に君臨した。(1)

ホロックスがドレス地、シーツなどの家庭で使用する綿製品の生産を始めたのは一九世紀である。『ホロックス・ファッションズ』（二〇一〇年）の著者、ボイデルによると、製品はいずれも評判が良かったという。(2) しかし、一般には、服地としてのコットンの評価は、第二次世界大戦前まで低いままだった。コットンは「安価で実用的な衣服、耐久性のあるシーツや子供服」との連想が強く、プリントも小さな幾何学模様や花柄に限られ、シルク地よりも劣るとみなされていたからである。(3) この低い評価を覆すべく、そして自社で生産した素材の販売促進を目指して、ホロックス・ファッションズは一九四六年に設立された。

図5-1　ホロックス・ファッションズのドレス

ホロックス・ファッションズ用の同社のコットンは耐久性に優れ、滑らかで、美しくドレープした。プリントは花柄がメインで、優れたプリントデザイナーを積極的に発掘、起用し、常に革新的なデザインを心がけたようである。[4]また、既製服にもかかわらず、パリのオートクチュールを意識し、ウエストを絞ってスカートの広がりを強調した女性的なスタイルの商品を生産した。花柄プリントが映えるスタイルでもある。明るく、はっきりしたプリントの上質コットン地を流行のスタイルに仕立てたことで、ホロックス・ファッションズは一九四〇年代後半から五〇年代に爆発的に流行した。図5－1は一九五〇年代の製品例である。クリーム色の地に薄紫のバラが品良くプリントされている。着用者は一〇代後半にホロックス社に務めており、割引価格でこのドレスを購入したという。週末

にダンスをしたり、ブラックプールに出かけるときに着たらしい[5]。ブラックプールはイングランド北西部、アイルランド海に臨む海岸のリゾート地である。

高いクオリティーを維持し、販売店を絞ったことで、価格は類似品よりも高かったようだ。したがって、主要購買層は比較的裕福なミドルクラスの女性だったが[6]、だからといって、ワーキングクラスの女性を排除したわけでもなかった。セール品を購入したり、数ヶ月間考えた末に一枚購入し、何年も「お気に入り」として着続け、後にスカートにリメイクした人、生地だけ購入して自分で仕立てたつましい女性が大勢いたことがわかっている[7]。反対に、ロイヤルファミリーが外遊時に着用することさえあった。エリザベス二世は王女の時から既製品のホロックス・ファッションズを度々着用し、外遊先で写真に収まっている。彼女が選んだものと同じ柄、デザインのドレスが後に店頭に並び[8]、話題を呼んだという。花柄コットンのホロックス・ファッションズは、貴賤を問わずイギリス人女性を魅了したのである。

ホロックス・ファッションズは英連邦でも販売され、さらに、ヨーロッパ各地、アメリカにも輸出された。輸出に際しては、「上質なイギリス製品」である点を強調したという[9]。事実、ハリとしなやかさを兼ね備えた上質なコットン地でできたホロックスのドレスは、既製品にも関わらずグラマラスで、他の追従を許さない優れたプリントデザインを特徴とし、その割には手頃な値段だった。豪華で、気品があり、お買い得感があったために、イギリスらしいファッションと考えられるようになったのである。服飾史家、エイミー・デ・ラ・ヘイも、「トップ・クオリティーのプリント・コットンドレス、満開の花柄デザインのホロックス・ファッションズこそ、ブリティッシュ・ファッションの真骨頂だ[10]」と賞賛している。

2　花柄コットン・プリントの発達

生産、販売、イメージ構築のすべてにおいて、大成功を収めたのがホロックス社であることは間違いないが、花柄のコットン・ドレスは同社の専売特許だったわけではない。それ以前から断続的に流行しており、特に、一八七〇年代の流行はミドルクラスのファッションの概念と消費、着用機会の開拓の三点で革新をもたらした。このことを理解する素地として、木綿織物産業の機械化の歴史を振り返っておこう。

(1)　木綿織物の機械化

一八世紀半ば以降、綿糸を機械で紡ぐ新しい方法が次々と開発された[11]。一七三三年に、ジョン・ケイが飛び杼を発明し、一七六八年には、リチャード・アークライトが糸の引き延ばしにローラーを用いた紡績機を製作した。一方、ジェームズ・ハーグリーブズも一七六七年ごろ、ジェニー紡績機を作っていた。「プレッサー」と呼ばれるおさえ板のついたキャリッジで糸にのばしをかけながら、おもりを使ってよりをかける方法である。彼は一七七〇年に特許を取得する。その後、一七七九年には、サミユエル・クロンプトンがアークライトの開発した紡績機とハーグリーブズのジェニー紡績機を組み合わせて、ミュール紡績機を発明し、紡績機は一応、完成する。細い良質な綿糸を大量に生産することができるようになったからである。アークライトは後に、動力を馬から水力に切り替え、その特許を一七七五年に取得した。彼は実業家として、ランカシャー、ダービシャー、スコットランドのニューラナークなどに大紡績工場を構え、木綿織物産業革新の立役者となった。

布を織る織機の開発も進んだ。エドモンド・カートライトが一七八五年に力織機を発明し、八九年には蒸気機関を動力に導入したことはよく知られている。糸と布の大量生産に加え、染色技術も発達した。アシェルフォードによると、一七七〇年代、八〇年代のプリント・コットンは、通常、明るい地に木版（ブロック・プリント）でつる状の花模様をプリントしたという。これは、シルク地の模様を真似たものだった。しかし、ブロック・プリントは時間と手間がかかる。色ごとに異なる版木を用意する必要があったからである。一方、アイルランドでは、早くも一七五〇年代に、この手間を省くべく銅板印刷が行なわれていた。銅板印刷では、より大きなモチーフの繊細なデザインが可能になり、約一メートル分（銅板の大きさ三六インチ四方）を一気に染めることができた。しかし、この技術にも欠点があった。銅板印刷は単色のみで、面白みに欠けたのだ。この欠点も一七八三年に、トマス・ベルがローラー・プリンティング、または、シリンダー・プリンティングと呼ばれるプリント技術の特許を取ったことで解消に向かう。ローラー・プリンティングは、模様が彫り込まれたシリンダーを染色液の中で回転させ、生地に転写、染色する方法である。当初は単純なストライプ模様をプリントしていたが、徐々により大きく、繊細なデザインをプリントすることができるようになった[12]。

（2）花柄プリント・コットンの大流行と衰退

こうして、一九世紀初めまでには、プリント・コットンは生地、色、デザインともに発達し、大量に安く生産されるようになった。ジョンストンによると、一八三〇年代には、花柄のプリント・コットンの生産にさらに弾みがついたという。一八三一年に、プリントされたテキスタイルにかけられていた物品税が廃止されたことで、生地がより安価になり、需要、生産ともに拡大したからである[13]。その結果、バラエティーに富んだ花柄のプリント地が、特に日中に着用するドレスの生地として生産され、プリント・コットン全盛期を迎えた。

木綿は安く、丈夫なので、ワーキングクラスの女性もファッショナブルなスタイルを真似ることができるようになった。一例を挙げると、ヘレフォード博物館（イングランド西部）には、メアリー・バフトンという名のお針子が自分の婚礼衣装として作成した花柄のコットン・ドレスが保存されている[14]。水色の地に赤、茶、緑の細かい花柄がつる状にプリントされ、明るく、繊細である。コットン特有のハリが保たれ、比較的上質な生地だと考えられる。記録によると、彼女はこのドレスを一八三四年に結婚するときに着用した。ドレスはややハイウエストのボディスとたっぷりしたスカートから構成され、ジゴ袖がついている。一八三〇年代初頭に流行したスタイルである。装飾はなく、裏地も付いていない。縫い方はかなり粗い。前身頃には日焼けによる退色が見られる。しかし、仕立て直した跡がないので、現物のまま保存されていたと考えられる。資料によると、バフトンはスモック（男性農業労働者が着用する野良着、凝ったステッチが施されたものは晴れ着）を作るお針子で、結婚した翌年の一八三五年まで個人経営のスモックメーカーとして商っていた。彼女が縫った見本のスモックには、繊細なステッチが施されていることから、バフトンは腕の良いスモックメーカーだったことが窺われる。したがって、労働者の中では経済的余裕があったと思われる。しかし、安価なプリント・コットンの流行がなければ、バフトンは晴れ着として、最新流行のスタイルのドレスを新調することはできなかっただろう。

一八三〇年代には、暗い地色に明るい色模様のプリントが流行ったと、ジョンストンは指摘している。これは複数のプリント技術を組み合わせることで可能になった[15]。中には非常に凝ったものも生産され、ヴィクトリア・アンド・アルバート美術館には、茶色の地に、緑の葉を携えたオレンジと黄色の小花がつる状にプリントされ、所々に「ブッタ・モチーフ」として知られるインド由来の勾玉模様が散りばめられたコットン・プリントのドレスが保存されている[16]。ブッタ・モチーフの地色は黒で、白のドットで縁取りされている。モチーフの中にはピンクのカーネーション、赤の花芯とブルーの萼、緑の葉模様、紫、青、オレンジ、黄色などで模様が描かれている。ローラー・プリンティングと、部分的にブロック・プリントで仕上げられたと思われ、当時の高い技術が偲ばれる。この繊細な柄を引き立てるべく、ドレスは肩線がやや下がり、華奢な女性らしさを強調した一八三〇年代末の最新流行のスタイルに仕立てられた。ハリス博物館（プレストン）にも、繊細な花柄プリント・コットンのドレスがいくつも現存する。たとえば、一八三七―三八年製のライラックと白のコットンドレスは、遠目には地味だが、茜色の花柄をまずローラー・プリントし、その後に、琥珀色の影をブロック・プリントし、紫の花柄をさらに点描法でプリントしたと考えられる。[17]また、プレート・プリントとブロック・プリントを組み合わせて一八世紀風の花柄をプリントしたドレス（一八三〇年代製）なども現存する。[18]いずれのドレスもウエスト位置がやや高めで、上腕部にボリュームがあり、一八三〇年代当時の流行のスタイルである。

ところが、一八三〇年代の流行が過ぎ去ると、プリント・コットンは「二流」の素材になりさがっていく。安価で丈夫、洗濯ができ、衛生的であるために、家事使用人の労働着として広く使われたからである。前章で考察したハンナ・カルウィックはプリント・コットンのドレスを着て仕事に励み、それを「ご主人様が大好きな白地にライラックの古風で可愛らしい花柄のドレス」（第四章参照）と記した。「ご主人様」とは、彼女の恋人であり、下層階級の女性を偏愛する変わった趣味の持ち主、マンビーである。ヴィクトリア朝後期に出版されたある家政本でも、「午前中、パーラーメイドは可愛らしい、明るいプリント地を着るべきです」[19]と伝えている。プリント・コットンは二〇世紀に入っても、労働着の扱いだった。前章で、スカラリー・メイドが奉公先の女主人からもらったクリスマスプレゼントに落胆したというエピソードを取り上げたが、それは他ならぬプリント・コットン――「忌々しいピンクのコットンで、仕事で着る朝用のドレス、ギリギリ一着分」[20]――だったからである。実際、プリント・コットンのドレスは家事使用人の中でも最下層であることを示す服だった。前の晩に、彼女は「プリント地のドレス、キャップにエプロン、黒のストッキングと靴」という姿で、他の家事使用人とともに、女主人の前に整列したが、彼女よりも位が上のハウスメイドはプリント地のドレスは着用せず、「白と黒のドレスにレースのキャップ」を着用し、さらに上の家政婦は「素敵な暗い色のドレス」を着た、と記している。(21)

『花柄のドレス』（二〇〇七年）の著者、ローズマリー・ハーデンとジョー・ターニーも、プリント・コットンは永らくファッションとは無縁な生地だったと考えている。(22) 彼女らの考察によると、ビーチやレジャーが興隆した一九二〇年代以降になってやっと、プリント・コットンは日の目を見るようになった。先に引用したヘイは、「平凡な『洗濯桶』のイメージを払拭し、プリント・コットンがハイファッションのレパートリーに加わったのは一九五〇年代［ホロックス・ファッションズの流行から］である(23)」とさらに厳しい評価を下している。

3　ドリー・ヴァーデン・コスチューム

(1)「古風な」花柄チンツがファッションになる

しかし、ヴィクトリア朝中・後期のファッションを詳しく観察してみると、一八七〇年代初頭に花柄プリント・コットンがリバイバルしたことがわかる。「ドリー・ヴァーデン・コスチューム」が流行したためである。さらに、このリバイバルによって、ミドルクラスが開拓するモダンなブリティッシュ・ファッションは大きく前進することになる。図5‐2を見てみよう。これが一八七〇年代初頭に大流行した「ドリー・ヴァーデン・コスチューム」である。ユーモア溢れる風刺で知られる『パンチ』誌（一八七一年一〇月一四日号）に掲載された。着用者は若い女性で、しなを作ってドレスの後ろ腰部分を強調している。「ドリー・ヴァーデン」は、チャールズ・ディケンズ（一八一二―七〇）の小説、『バーナビー・ラッジ』（一八四一年）に登場する女性キャラクターの名前である。ドリーは作品の中ではさほど重要な役割を担っていないが、後にヴィクトリア朝を代表する画家となる、W・P・フリス（一八一九―一九〇九）が一八四二年に絵画作品にした[24]（図5‐3）。作品は評判を呼び、それを聞きつけたディケンズも制作を依頼し、亡くなるまで所有した。一八七〇年に作家が亡くなると、ディケンズ所有の一枚は競売に掛けられ、小品にも関わらず、一〇〇〇ギニーという大変な高値で落札された。ドリーは衆目の的となり、メディアは「イギリスの乙女の典型」とまで持ち上げた[25]。このことがきっかけとなり、一大ドリー・ブームが起きた。彼女の名前がついた様々なキャラクターグッズが販売され、その代表格が「ドリー・ヴァーデン・コスチューム」と呼ばれるドレスやドレス地である。

では、図5‐2を参照しながら、「ドリー・ヴァーデン・コスチューム」のスタイルを見ていこう。これは一七七〇年代から八〇年代半ばに流行したポロネーズと呼ばれるスタイルを模している（図5‐4）。ポロネーズとは、ボディス（胴着）とチュニック（婦人用の長い上着）が一体化したもので、

図 5-2　ジョージ・デュ・モーリア、「ドリー・ヴァーデン、お別れのキス」『パンチ』（1871 年 10 月 14 日号）

THE DOLLY VARDEN FAREWELL KISS.

A DELIGHTFUL OPERATION, BUT A DIFFICULT ONE TO PERFORM SUCCESSFULLY.

図 5-3　W. P. フリス「ドリー・ヴァーデン」（1842 年）

©Victoria and Albert Museum, London

チュニックの後ろ腰部分をたくし上げ、いくつかのパフを作る。そうすることで、ペチコート（アンダー・スカート）が完全に見えるようにするアレンジである。生地はシルク、コットンのどちらも使われたようだ(26)。このスタイルは約百年後の一八七〇年代初頭に爆発的に再流行した(27)。「ドリー・ヴァーデン・コスチューム」はこの再流行に準じたスタイルである。しかし、他と異なるのは、「ドリー・ヴァーデン・コスチューム」がもっぱら「古風なチンツ」や「クレトンヌ」と呼ばれる安価なプリント・コットンで作られた点である(28)。*EDM* 誌（一八七一年六月号）もこの点に注目し、「ドリー・ヴァーデン・コスチューム」が全く新しいタイプのファッションであることを読者に伝えている。

> 新しくて素晴らしいのは「ドリー・ヴァーデン」コスチュームです。ディケンズ氏のコレクションで、彼の死後に競売にかけられた作品の中の、素晴らしい絵画「ドリー・ヴァーデン」の可愛らしく、コケティッシュなコピーなのです。このドレスは本当に古風な模様のチンツ製で、チンツの主な色をとったキャンブリックのスカートの上に着用します。ドリー・ヴァーデンはフラウンス［裾飾り］がついたペチコートの上にドレープし、ブルーやローズピンク、ローズピンクと白の組み合わせが最も魅力的です。（中略）同様にトリミング

図5-4　1770年代のポロネーズ

した麦わらの帽子もかぶります[29]。

記事によると、このドレスはロンドンにあった大衆的な卸売店、バージェスがデザインしたものだ。同店は「ドリー・ヴァーデン・チンツ」や「ドリー・ヴァーデン・モスリン」と名付けた生地も扱っており、値段が安いことも特徴である。前者は一ヤード（三〇インチ幅）あたり二シリング六ペンス、「ドリー・ヴァーデン・モスリン」はさらに安く、ヤードあたり一シリングである[30]。ドレス一着には一二～一四ヤードの生地が必要だが、仮に「ドリー・ヴァーデン・チンツ」を一四ヤード購入しても、一ポンド一五シリングにしかならない。同様に、ドレスを「極めてお手頃な値段」で販売している大衆的な店、ベイカー・アンド・クリスプでも、「スタイリッシュで可愛らしい、チンツのプリント地製、ドリー・ヴァーデン・コスチューム」を「大量に」扱っていると、*EDM*（一八七一年八月号）は報告している[31]。同店が扱う生地の値段に関しては、すでに前章で述べた。

口絵3は、ベイカー・アンド・クリスプが販売した「ドリー・ヴァーデン・コスチューム」の図像である。G・W・ハント作のコミック・ソング、「ドリー・ヴァーデン」（一八七一年）の表紙に描かれた（「コスチューム、ベイカー・アンド・クリスプ製、一九八リージェント・ストリート」と但し書きあり）[32]。コミックソングとは、ヴィクトリア朝期に量産された大衆歌である。トマス・ジャクソン・ライスによると、ドリー・ヴァーデン・ポロネーズ（ドレス）の流行によって、ドリーを主題にした様々な音楽が作曲されたという[33]。表紙に描かれた若い女性（ほとんど少女！）のドレスは、暗い地色に、赤、青など様々な色の花柄をプリントしたポロネーズである。生地は一七八〇年代のプリントの複製品というよりは、一八三〇年代のレプリカのようだ。一八三〇年代には、「暗い地色に明るい色をのせたコットンが流行し、これは複数のプリント技術を組み合わせることで達成された[34]」からである。「ドリー・ヴァーデン・コスチューム」に使われたチンツの古風な花柄は、『クイーン』（一八七二年五月一八日号）でも詳述され、「色付きストライプのスカート、ストライプの中に明るい色の花柄、小枝模様。チンツ製のチュニックと半ばフィットしたパルトー［上着］はスカートのストライプと同色の花模様が散りばめられる[35]」などと、解説された。

つまり、時代遅れの花柄チンツの複製品で作った安価なドレスが「ファッショナブル」とみなされたのである。これは二重に前代未聞のことだった。本来、ファッションとは「最新」でなければならず、「裕福な」顧客のために作られた「高級な」服装を意味した。ところが、「ドリー・ヴァーデン・コスチューム」は、プリント・コットンの伝統を独自に解釈することで、古風で安価なドレスをファッショナブルなアイテムとして、従来の服飾産業が直接のターゲットにしてこなかった客層に提案したのである。それはとても若く、裕福とは言えない下層ミドルクラスの女性たちである。

もう少し説明を加えよう。ディケンズの原作には、ドリーのドレスのスタイルや生地に関する記述はない。ディケンズは彼女のコケティッシュな魅力を表すために、ピンク色のフード付きマントやリボンを強調するばかりで、ドレスについては何も書いていないのだ[36]。一方、「ドリー・ヴァーデン・コスチューム」流行の直接のきっかけを作ったフリス作、「ドリー・ヴァーデン」では、ドリーはポロネーズを纏っている。先に述べたように、ポロネーズは一七七〇年代から八〇年代半ばに流行したスタイルである。『バーナビー・ラッジ』は、一七八〇年にロンドンで勃発したゴードン騒乱を扱った歴史小説なので、フリスは気を利かせて、作品の時代設定にあうドレスをドリーに着せたのだろう(37)。しかし、フリスが描いたドレスは、ツヤや質感から察するに、コットン製ではなく、シルク製のようである。アーマンによると、フリスは祖母のウエディングドレスをモデルに着せて作品を描いたらしく(38)、それは濃いクリーム色のストライプのシルク地に小さなバラの蕾を刺繍した、一七七〇年から八〇年代製のポロネーズだった。絵画でも、小花のモチーフが織り込まれた、または刺繍された、クリーム色のストライプのポロネーズが描かれており、シルク特有の艶やかな質感はモデルを忠実に写したためと考えられる。

つまり、「ドリー・ヴァーデン・コスチューム」に古風で安価なチンツやクレトンヌを使用したのは、ドレスを商品化した生地屋独自の解釈であり、大衆を意識した販売戦略と思われるのである。ドリーは歴史小説の登場人物だから、「古風な」生地でできたドレスの方がふさわしい。もっとも、生地は一八三〇年代のプリント・コットンのレプリカにすぎなかったようだが。おそらく購入者にとって重要なことは、「ドリー・ヴァーデン・コスチューム」が当代無二の人気作家と、大物画家の両方が関わったキャラクターにヒントを得て考案されたドレスであり、そのキャラクターは若く、魅力的で、ドレスはプリント・コットンでできているために、皆の手に届くお手頃な価格だったことだろう。

（2）下層ミドルクラスと海辺のリゾート地

では、女性たちはこのドレスを着てどこへ行ったのだろう？　ファンシー・ドレス（仮装舞踏会用ドレス）として活用したという意見もあるが[39]、より可能性が高いのは、当時急速に大衆化が進んだ海浜のリゾート地で着るためのドレスである。海浜のリゾート地は、鉄道の発達によって大きく変わったことが知られている。たとえば、イングランド南部、イギリス海峡に臨むブライトンは、一九世紀初頭までは高級リゾート地だったが、一八四一年に鉄道が敷設されると、ロンドンからの日帰り旅行が可能になったために、客層が著しく大衆的になった。その結果、週末のブライトンは「やかましく、騒々しく」なり[40]、若い独身の男女がいっときのアバンチュールを楽しむ、幾分いかがわしい場所にもなったのである[41]。「ドリー・ヴァーデン・コスチューム」は、このような場で若い女性が着用する典型的なドレスになった。

G・W・ムアのコミックソング、「ドリー・ヴァーデンを着て[42]」（一八七〇年ごろ）はこのことを示している。この歌はドリーを主題にしたコミックソングの最初期のものの一つである。歌の内容は、ブライトンで若い男性が「ドリー・ヴァーデン」を着た娘を見初める。彼は一緒に踊ろうと誘うが、彼女は「私がドリー・ヴァーデンを着ていることを知ったら、ママは何というでしょう」と言って、「ブライトンのビーチを［駆け］下りる」。表紙には、「ドリー・ヴァーデン・コスチューム」を着た若い女性がカラーで描かれている。彼女が着用しているポロネーズは、明らかに古風な花柄のチンツ製である。暗い地色に、赤、グリーン、茶の花柄がプリントされ、一八三〇年代のプリント・コットンのレプリカのように見えるからである。

絵入り新聞、『イラストレーテッド・ロンドン・ニュース』紙（一八七一年一〇月一四日号）に掲載された「シーズン中のスカーバラ」[43]も注目に値する（図5-5）。イングランド北東部の北海に臨むスカーバラは、ブライトン同様、一九世紀に大衆化した海辺のリゾート地の一つである[44]。見開きページに描かれたこの大判イラストには、少なくとも二人の若い女性が「ドリー・ヴァーデン・コスチューム」を着用している。画面左前方で椅子に座った女性と、右側で横向きに立つ女性である。彼女たちが着用している「ドリー・ヴァーデン・コスチューム」は、軽く、夏向きの素材で、チンツやクレトンヌ製のように見える。椅子に座った女性は裁縫をしているようだが、彼女の注意は明らかに連れの男性と彼にちょっかいを出している二人の女性に向けられている。横向きに立っている女性は、人形を持った妹（?）の世話をしているが、ファッショナブルにたくし上げたポロネーズの後ろ腰が魅力的に見えるように、わざと横向きに立っているようにも見える。同誌は、このようなすし詰め状態の混雑は夏の盛りにしかみられないと断っているが、それでもなお、大衆的な海浜における「ドリー・ヴァーデン・コスチューム」の熱狂的な人気が伺える。

また、ハリス博物館には、夏の海浜用と思われるドリー・ヴァーデン・コスチュームが現存する。一八七〇年代製のこのドレスは、白のモスリン地にピンク、オレンジ、紺（または黒）色のごく単純な小花と緑の葉を配したプリント地で作られ（口絵4）、ポロネーズ型ボディスとスカートから構成される[45]。ボディスは前開き、ボタン留めで、小さなえり（マンダリン・カラー）がついている。ゆったりした長袖はピンクのバイアステープと白のボビンレースで縁取られている。前身頃、後ろ身頃にペプラム（ジャケットのウエストから垂らした短いフレア部分）がそれぞれ二枚ついている。袖同様、首回りから前開き全体、ペプラムの縁がピンクのバイアステープでトリミングされている。後ろ身頃裏側に六箇所、ボディスの腰下部分をたくし上げ、パフ状にするための引き紐が付いている。着用すると、『イラストレーテッド・ロンドン・ニュース』紙に描かれた横向きの女性のドレスのように見えるはずだ。スカートはすそ広がりで、フラウンス（裾飾り）が一段付き、ピンクのバイアステープでトリミングされている。はやりのスタイルであることを除けば、生地、プリントのデザイン、仕立て（ミシン縫い）、全ての面で極めて簡素である。

このドレスが作成された一八七〇年代には、似たような小花模様のコットン地が合成染料を使用したブロック・プリントで作られることもあったので[46]、この生地もあるいは同じ製法によるものかもしれない。裕福層をターゲットにしたフランス製品とは異なり、イギリス製のプリント・コットンは「大衆向け」で、それゆえ、「限られた出費で、粗い生地にプリントするために、プリント・デザイナーの実践的な創意工夫[47]」が求められたともいう。明らかなことは、ドレスがモスリン製であることから夏用、また、柄が単純なモチーフで小さいことから、安価な生地である。潮風に晒されても、気兼ねなく熱湯で洗うことができる機能性が重視されているとも言える。擦り切れた跡はないが、日焼けによる退色が目立つ。このドレスの来歴は不明だが、同博物館所蔵のドレスはその多くが地元、ラン

ロンドン・ニュース』(1871年10月14日号)

THE SEASON.

図 5-5 「シーズン中のスカーバラ」『イラストレーテッド・

SCARBOROUGH IN

カシャーのものなので、プレストンからほど近い海浜のリゾート地、ブラックプールで着用されたかもしれない。

もっとも、夏の海辺用ドレスは「ドリー・ヴァーデン・コスチューム」だけではなかった。サージ製のドレスや、後にはセーラーカラーのついたサージ製ブラウスとスカートの組み合わせなども考案され、これらは高級店で広く扱っていた。図5-6は『クイーン』（一八七四年七月二五日号）掲載のデベナム・アンド・フリーボディー社の広告である。(48)同社はロンドンのウエストエンド、ウィグモア・ストリートに店を構えた高級店である。「テーラーメイドのシーサイド、ヨット、旅行用ドレス」と題された商品はいずれもポロネーズ・スタイルだが、最も安い「チェスターフィールド」（上段左）でも五八シリング六ペンスから、「ブライトン」と名付けられたサージ製ドレス（下段右）は五ポンド一五シリング、手織りサージ製の「スカーバラ」（上段中）に至っては六ポンド一八シリングである。

「ブライトン」や「スカーバラ」は、もちろんリゾート地を意識したネーミングだが、先に見たバージェスが扱う「ドリー・ヴァーデン・コスチューム」の四～五倍の価格が設定されている。ドレスの値段は生地の優劣だけでなく、仕立てやトリミングの質と量、デザインのセンスなど様々な要素で決まるが、これらの高級なドレスを見ると、大衆的な店で販売された古くさいチンツ製「ドリー・ヴァーデン・コスチューム」がいかにもファスト・ファッションであることがわかる。明らかに、「ドリー・ヴァーデン・コスチューム」は海辺のリゾート地に流行のドレスを着て繰り出したいが、さほど散財できない階層の女性たちのために開発されたドレスである。若い彼女たちは臆することなく、そ

図 5-6 デベナム・アンド・フリーボディー社の広告、『クイーン』（1874 年 7 月 25 日号）

れを独自のトレンドとして楽しんだようだ。

（3）ハイファッションへの影響

結局、「ドリー・ヴァーデン・コスチューム」はわずか数年で姿を消すが、その間、ハイファッションにも影響を及ぼした。バージェスがチンツ製の「ドリー・ヴァーデン・コスチューム」を売り出してわずか数ケ月後、*EDM*（一八七一年一〇月号）は、ピーター・ロビンソンが「新しいあや織りオリエンタル・シルク」製の「ドリー・ヴァーデン」を販売したと報告している。(49) ピーター・ロビンソンは喪服屋から商いを拡大したロンドンの大型百貨店である。あや織りシルク地は高級素材だ。高級シルクでできたポロネーズ・スタイルのガウンを「ドリー・ヴァーデン」として、比較的高

図5-7 「ドリー・ヴァーデン・コスチューム」『クイーン』（1872年6月15日号）

級な店が販売したのである。さらに、このシルク地の柄――「明るい色の花の、小さく魅力的なブーケで、地色と色味は様々」――は、一八三〇年代に隆盛を極めた繊細なプリント・コットンを思い出させる。『クイーン』（一八七二年六月一五日号）も、「花模様をちりばめたクリーム色のフラール製」の「ドリー・ヴァーデン・コスチューム」をカラー・プレートで掲載し、裕福で品の良い女性に向けて提案した(50)（図5-7）。フラールは薄手のシルク地で、このドレスでは色とりどりの小花模様が特徴になっている。モデルの女性は日傘を持っているので、ドレスはプロムナード用（海浜のリゾート地によくある遊歩道を散策するためのドレス）かもしれない。

さらに、高貴な女性が「ドリー・ヴァーデン」を公式行事で着用したという記録さえあった。フォスターによると、ファッション誌『レディーズ・トレジャリー』（一八七一年九月一日号）は、英王族がダブリンを訪問した際、スペンサー伯爵夫人がシルク製の「ドリー・ヴァーデン」を着用して、迎えたと報告した。ドレスは「最上級のシルクのペチコートの上に、上部が素晴らしく明るいチンツのパタンの」ドレスだったそうだ。明らかに、チンツの柄を真似たシルク地である。(51)

総じて、下層ミドルクラスの若年女性のために新規に考案された「ドリー・ヴァーデン・コスチューム」は革新的で開放的なオルタナティブ・ファッションである。古風な花柄の安価な生地をユニークなコンテクストで復活させたことで、倹しい女性たちは独自のトレンドを享受し、実験を試みることができたからだ。さらに、モダンなレジャー（生活様式）と結びつき、ハイファッションにさえ影響を与えた点で、モダンなブリティッシュ・ファッション――二〇世紀の花柄ドレスの隆盛を予測させる服でもあった。

第六章　イギリス人のアート感覚がファッションになる！

本章で取り上げるエステティック・ドレスは、今まで述べてきたファッションとはかなり違うようだ。アーティスティックで、社会一般の規範をはねつけ、反体制のように見えるからだ。しかし、よく観察すると、ミドルクラスの消費文化と深く関わり、モダンな生活の変わりゆく価値と渡り合うがゆえに(1)、一層モダンであることがわかる。本章では、エステティック・ドレスの開発に深く関与したロンドンの有名店、リバティ商会を軸に、エステティック・ドレスの成り立ちとイギリスらしさの新たな展開を考察する。

1　初期のエステティック・ドレス

「エステティック」とは、「美的」という意味だが、これが女性服の名称になったのは、ラファエル前派の活動が始まりとされる。ラファエル前派とは、ジョン・エヴァレット・ミレー（一八二九—九六）、ウィリアム・ホルマン・ハント（一八二七—一九一〇）、ダンテ・ガブリエル・ロセッティ（一八二八—八二）ら、新進気鋭の画家たちが中心になって立ち上げた芸術集団である。グループは一九世紀半ばに結成された。彼らは工業化社会が生み出した物質主義を嫌い、それに代わってルネッサンス初期の画家、ラファエルよりも前の素朴な芸術と生活様式を信奉した。その信条に基づき、ラファエル前派の画家たちが提案したドレスとは、自然染料で染めた、装飾なしの素朴なスタイルである。ウエストをきつく締め上げたコルセットもつけなければ、クリノリン（腰枠）も着用しない、完全なるアンチ・ファッションだった。例としてしばしば引き合いに出されるのは、ウィリアム・モリスの妻、ジェーンが着用したドレスだが(2)、上記の特徴に加え、袖ぐりがゆったりし、体をくの字に折り曲げることまで可能にする、体の動きを妨げない衣服である。

ヴィクトリア朝中・後期、そしてエドワード朝期にファッショナブルと一般に見なされた女性服とは、高級レース、リボン、フラウンス（裾飾り）で飾られた高価なドレスである。また、合成染料が発明され、生地の染色に使われるようになると、明るい色を組み合わせたスタイルが「最新」として巷を賑わわせもした。したがって、ラファエル前派の画家たちが提唱した反工業的で素朴なエステティック・ドレスは、最新の技術を拒絶し、階級指標であることを拒否したが故に、反社会的な衣服でもあった。加えて、コルセットや腰枠をつけずにドレスを着るなど、エキセントリックで醜く、反道徳的とみなされた(3)。第一章で述べたように、人工的に体型を整えることは、ファッショナブルなドレスを着こなすための必須条件であっただけでなく、貞節を守るためにも必要と考えられたからである。ウエストをぎゅうぎゅう締め上げるタイトレーシングでさえ、若い女性の精神修養と信じられていたことを思い出したい。

こうしてみると、初期のエステティック・ドレスは社会には受け入れられそうもない過激なオルタナティブ・ファッションである。しかし、純粋に美的観点から、主流のファッションとは異なるスタイルを自らデザインし、好んで着用する女性もいた。ヴァージニア・パトル（一八二七年、カルカッタ生まれ）は、画家、ジョージ・フレデリック・ワッツ（一八一七―一九〇四）のミューズの一人だが、ワッツは「長いグレーのクローク［マント］が長身の彼女に美しく垂れかかる」様子に魅了されて、近づきを求めたという。(4) 一九世紀半ば当時、パトル姉妹はインドから戻ったばかりで、独特の審美眼を持っていた。「当時のファッションそのものではなく、シンプルなラインを自分でデザインした。それは豊かな色とたっぷりした襞が美しく、非常に個性的で、表情豊かである」(5)と、ワッツの伝記を執筆した妻、メアリーは評している。「たっぷりした襞［ドレープ］」は、自然染料による柔らかな色合いとシンプルなスタイルとともに、エステティック・ドレスの特徴とされる。ワッツ・ギャラリー（サリー州）には、この姉妹を描いた絵画が何枚か保存されているが、たとえば「姉妹」（一八五〇年ごろ）では、腰枠もコルセットもつけない非常にシンプルなスタイルのドレスを着用した姿で描かれている。一人は大判の勾玉柄ショール（おそらくカシミア製）を羽織っている。カシミアは、インド西北部からパキスタン東北部にまたがる山岳地帯に生息するカシミア山羊の毛で織られたテキスタイルで、しなやかで軽く、暖かい。値の張る贅沢品でもあった。通常、勾玉柄が織り込まれている。この作品が描かれた一九世紀半ばには、様々な値段の模造品（ペイズリー・ショール）がイギリス中に出回り、大流行していた(6)。しかし、作品ではファッショナブルな小物ではなく、ドレスの一部のように描かれ、その柔らかで豊かなドレープが着用者に聖母マリアのような威厳と静謐さを与えている。

もう一人、挙げておきたいのが、ラファエル前派の画家たちのモデルとして有名な、エリザベス・シダル（一八二九―六二）である。彼女はこの集団と関わる前は、ロンドンでお針子として働いていた。社会的身分は極めて低かったが、服のセンスが抜群に良く、流行のスタイルを独自にアレンジしていたという(7)。インド帰りのパトル家の娘たち（写真家、ジュリア・マーガレット・キャメロンもその一人）とロンドンのお針子、シダルに共通するのは、独創的な芸術センスを自ら纏うドレスに反映させたことだろう。アディソンとアンダーウッドによると、初期のエステティック・ドレスは、一八五〇年代、六〇年代にラファエル前派の画家たち（ワッツも関係）やジェームズ・マクニール・ホイッスラー（一八三四―一九〇三）と親交のあった女性たちが着用した服だが(8)、むしろ彼女らの服に対する個性的なアプローチが画家を魅了し、作品を通して世に広められていったとも考えられる。

2　リバティ商会の役割

個々のアーティスティックな試みはその後も続き(9)、中にはジェシー・ローワット（一八六四―一九四八）のように、自ら芸術的なドレスを考案、作成するだけでなく、ドレスを装飾する独特なアップリケ刺繡を教授する女性も現れた。[10] 一方で、当初はこの新しいスタイルのドレスを表す用語さえなく、「家庭用の『朝用ドレス』の一形態」[11]と考えられたという。「朝用ドレス」とは、午前中、家庭内での作業をするための普段着である。家の中でならコルセットを外しても問題ないし、家事をするための衣服ならば、簡素で動きやすいドレスでも容認されるので、このように表現されたのだろう。しかし、エステティック・ドレスがミドルクラスのモダンなファッションと認知されるためには、商業ベースに乗せる必要があった。それを成し遂げたのが一八七五年創業のリバティ商会である。

（1）エキゾチックな布地

リバティ商会は、東洋から取り寄せたエキゾチックな品々を専門に扱う高級店として、アーサー・ラセンビィ・リバティ（一八四三―一九一七）によって開業された。時はジャポニスム全盛、商売はすぐに軌道に乗る。珍しい異国の布地や白と青の陶器はコレクターに、彩色した紙製の日傘などはホイッスラーやアルバート・ムア（一八四一―一九三）などの画家たちにもてはやされたという。[12] リバティは元々、高級ショール専門店、ファーマー・アンド・ロジャーズ（ロンドン）の東洋部門のマネージャーだったから、東洋の品々を見定める確かな目を持っていたのだ。資料によると、彼はここに勤務していた頃から、顧客が東洋のシルク地を偏重することに気づいていたという。それは「ヨーロッパ産のシルク地では得られないドレープを適切につけることができ、十分にバランスのとれた色合いを持っていた[13]」からであった。そこで、自分の店を持つと、独自に染色することを決意し、染色業者トマス・ウォードルに依頼する。試行錯誤の結果、出来上がったプリント・シルク地が「アート・ファブリック」だった。模様部分は木版の手染めである。アドバーガムによれば、模様の多くは「古いインドのプリントをそのまま複製したもの[14]」だった。『クイーン』（一八八一年三月一九日号）も同社の「マイソール・シルク」（マイソールはインドの地名）を紹介する記事の中で、「プリントされたデザインのほとんどは、インド博物館にあるオリジナル木版から取った、正確な複製である」とする同社の主張を掲載し、これらのシルクはいずれも「薄手で、デザインや色はいかにも東洋が起源であることを示している[15]」と述べている。つまり、イギリス人の工夫と発明の才によって、東洋の「伝統」を模した古風でエキゾチックな「アート・ファブリック」が作られたのである。

「アート・ファブリック」は抑えた色調だが、豊かな色合いだった[16]。*EDM*（一八七九年四月号）によると、同社の「シャンタン・ポンジー」（シルク地）は「タッサーシルクのあらゆる色調」、「ナグプル・シルク」は「美しい色合いのとうもろこし色、ブルー、深紅、山繭蛾色、クリーム、柔らかいグリーンと茶」だという[17]。また、当時イギリスで販売されていたシルク地では一般的だった「つや出し」や「仕上げ」加工などの生地を豪華に見せる細工は施されておらず、そのために「柔らかでしなやか[18]」だった。エステティック・ドレスに特徴的なドレープを際立たせるためには、絶好の生地《イノベーション》だったのである。これにラファエル前派の画家たち、「芸術のための芸術」を唱える唯美主義者はたちまち魅了された[19]。先ほどの「マイソール・シルク」を紹介する記事の中でも、筆者は「美的世界はこれらの生地を歓迎するでしょう。ドレスでも、室内装飾でも、柔らかでドレープする生地が必要とされるものなら何でも、ふさわしく、素晴らしいからです[20]」と述べている。美しく風合い豊かな布地を確かな技術と芸術的センスを駆使して開発することで、リバティは、アートやデザインと生活を一体化することを目指す唯美主義者、前衛的なラファエル前派、さらには、ローワットのように芸術的な才能に恵まれた個人[21]の要望に答えた。

(2)　エステティック・ドレスの商品化

しかし、リバティ商会の最大の功績は、特に芸術的センスが良いわけでもない一般の女性にも、色調豊かでドレープの美しいエステティック・ドレスに興味を持たせ、購入を促したことだろう。同社は「アート・ファブリック」を熱心にミドルクラスの女性に向けて宣伝したのである。図6-1は『クイーン』(一八八二年七月一日号)掲載の広告である。東洋風の服装をした女性が両端に一人づつ描かれ、「プリント・マイソール・シルク」の他、「インド・コーラー・シルク」、「チャイニーズ・シャンタン」、「ナグプル・シルク」、「ラホール・サテン」などエキゾチックな名前のついた生地が紹介されている。「プリント・マイソール・シルク」は花柄で、三四インチ幅、約七ヤードで三五シリング(一ポンド一五シリング)とある。比較的安価なこれらの生地は、イギリスの夏に多くの需要が見込める「シーサイド・ドレス」用として宣伝された。高品質を重視しつつ、「新しく、便利」でもあると謳う。「洗濯によく耐え、シルクの素晴らしい柔らかさを備え、芸術的なドレーパリーのために

図6-1　リバティ商会の広告（『クイーン』1882年7月1日号）

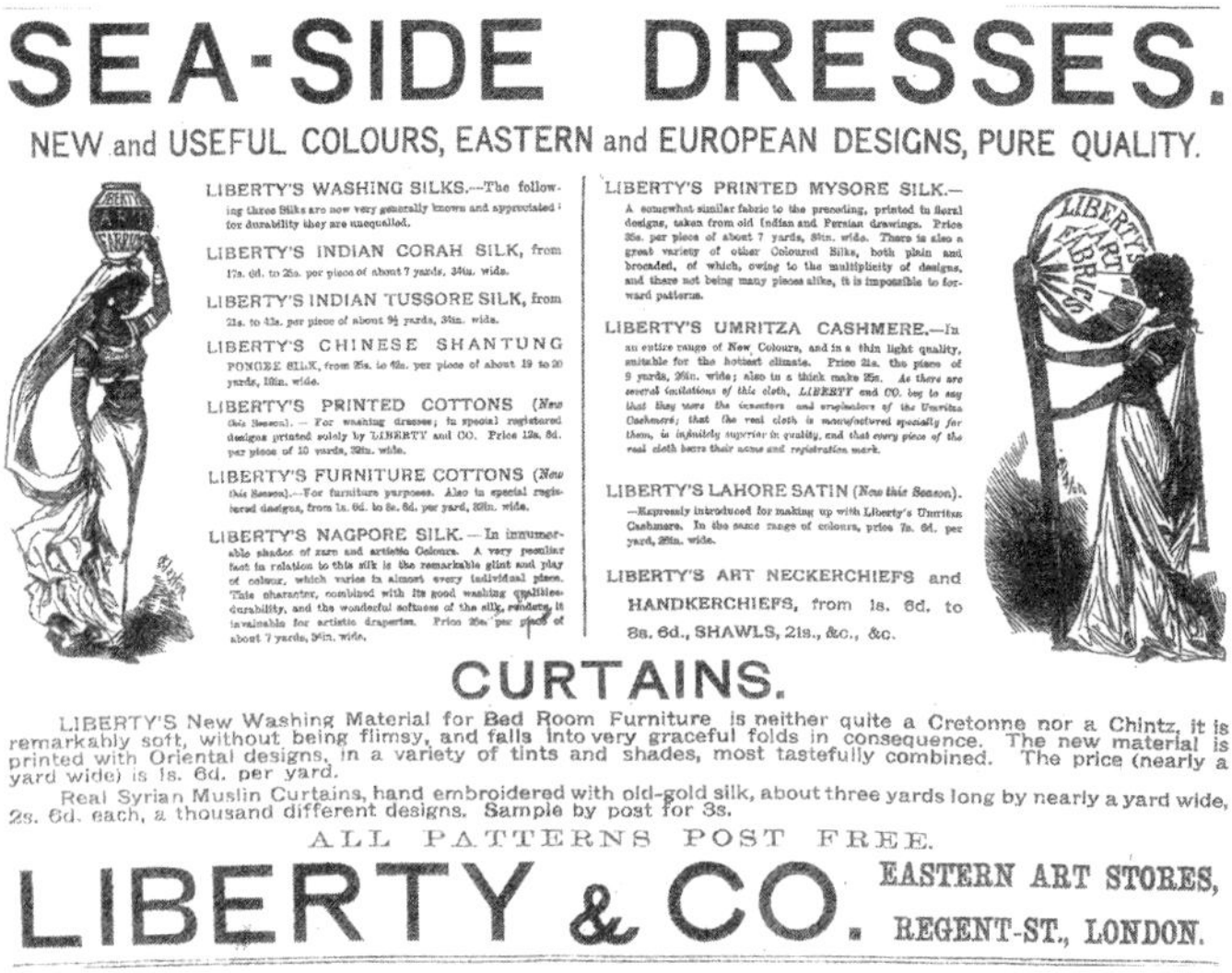

極めて有効[22]」だからである。独特の美しさを実現させるとともに、夏向きの実用的なドレスでもあると請け合うことで、広く消費者にアピールした。この広告は一八八二年の七月初旬から八月下旬にかけて、『クイーン』にほぼ毎週掲載された。九月には「秋用ドレス」と命名し直し、内容を多少変えて、「アート・ファブリック」の宣伝を続けた。

ウォールによると、一八八〇年代までには、雑誌記事やファッション・イラスト、商業プロジェクト、その他諸々の芸術作品が、ロンドンのような都市におけるエステティック・ドレスの人気を押し上げたという[23]。しかし、これらの表象はエステティック・ドレスとその着用者に対して、必ずしも好意的ではなかった。W・P・フリスが一八八三年に描いた「一八八一年のロイヤル・アカデミーでの内覧会」や、ジョ

図6-2 エステティック・ドレスとその着用者（『パンチ』1879年11月1日号）

THE HEIGHT OF ÆSTHETIC EXCLUSIVENESS.

ージ・デユ・モーリアが風刺雑誌『パンチ』（一八七九年一一月一日号）のために描いた戯画（図6-2）はエステティック・ドレスの着用者を嘲笑したものとして名高い。モーリアは、前景に一八七〇年代末から八〇年代初めに流行したオーソドックスなファッションに身を包む家族と、後景に彼らとは全く異なるスタイル、生地の質感、アクセサリーを身につけたエステティックな少女たち四人を描いている。三人は、一九世紀初頭に流行したエンパイア・スタイルのドレス、肩掛けとボンネットを着用し、後を歩く四人目はさらに古い時代のスタイルとの折衷のようだ。少女の一人は前景の家族に向かって舌を出し、挑発的である。エステティック・ドレスを着るような女性（少女でも）は、服装だけでなく態度も攻撃的、リスペクタブルからはほど遠く、排他的（この戯画のタイトルは"The Height of Aesthetic Exclusiveness"である）であると言いたいようだ。

エステティック・ドレスとその着用者に対する嘲笑や攻撃に対してリバティ商会が取った方策の一つは、その話題性を利用し、自社製品の認知度向上に役立てたことである。唯美主義者を風刺した芝居の代表、「ペイシャンス」（一八八一年春初演）では、リバティは舞台衣装のための生地を提供した。芝居の成功は、この作品で風刺の的となった唯美主義の中心的唱導者、オスカー・ワイルド（一八五四―一九〇〇）の人気を高めたが、リバティも劣らずその栄誉に浴した。(24) 同社は商魂逞しく、「ペイシャンス」と名付けたアート・ファブリック製スツール（一脚五シリング六ペンス）まで売り出した。(25) 唯美主義者の牙城、グロブナー・ギャラリー（一八七七年開設）を訪れる女性も、リバティの生地で作ったエステティック・ドレスを着用した。(26)

やがて、リバティが開発した柔らかな色調の「古風な」生地は高く評価されるようになる。美術雑誌、『マガジン・オブ・アート』（一八八二年）は「ドレスにおける色」と題したエッセーで、以下のように述べている。

もし、女性のドレスがオリーブ・グリーンや和らげられた色合いでできているならば、美を愛する人にはすぐに心地よいものとなるでしょう。これはドレスを魅力的にする以上のことです。はっきりした色は、中間色や淡褐色、混ぜ合わせた色よりも明らかに好まれています。しかし、目に有益な色を着用することこそ、人々に喜びを与えることになるのです。（中略）幸いにも、バーネットやリバティのような幾つかの店では、古風な色を買うことができ、それゆえ、自身の服で、普通の衣服からワクワクするような変化を実践できるでしょう。(27)

合成染料を使用した「はっきりした色」が好まれていることを了解しつつ、自然染料による「古風な色」を「人々に喜びを与え」、既存のスタイルに変化をもたらす新しい価値として高く評価している。

さらに、ワイルドも活動に加わった衣服の改良運動にも、同社は賛同した。(28) 当時流行の衣服は張りをもたせたシルクで作るために重く、裾を引きずるために非衛生的で、コルセットや腰枠をつけて着用するために動きにくく、健康にも悪かった。女性服におけるこのような難点を改善し、「健康的で、快適、美しく装う」ことを目的とした改革運動が一九世紀後半、特に一八八〇年代に盛んになった。(29) 改善活動の一環として、一八八三年にロンドンで開催された合理服展覧会では、リバティ商会のアート・ファブリックは、生地の純粋さ、自然染料による色の美しさと柔らかさ、見掛け倒しの仕上げをしていないことで、「合理的な服と健康的な服を結びつける上に本質的にきわだった役割を果たした」(30) と評価された。同年に開催された衛生展でも、「極めて美しい『インドの染色の』布地を出展した」。(31) 翌年の広告では、「リバティ・アート・ファブリック」と記したすぐ下の目立つ位置に、「合理服展覧会、一八八三年銀賞」、「アムステルダム展覧会、一八八三年金賞」、「全国衣服展覧会、一八八三年銅賞」と記すことで、商品の古風でエキゾチックな側面（これ自体、新しい価値ではあるが）だけでなく、健康的で美しいこと、それが国内外で高く評価されていることを示した。(32)

図6-3　女性と子供のための芸術的ドレス（『クイーン』1886年2月20日号）

図6－3は、『クイーン』（一八八六年二月二〇日号）掲載のリバティ製「女性と子供のための芸術的ドレス」である。冒頭の紹介文、「リバティ商会は、女性と子供たちのために、一連のとてもエレガントで適切な、芸術的ドレスを用意してきました[33]」は、「芸術的な」エステティック・ドレスが「エレガント」で「適切」であることと矛盾しないことを示す。「エレガント」や「適切」は、当時一般にファッショナブルと見なされたドレスを紹介する時に多く使われた表現である。実際、ここに示された「芸術的な」ドレスはいずれも、当時流行の生活様式を十分意識している。たとえば、ティー・ガウンは午後、自宅でくつろぐ時に着用する室内着で、ヴィクトリア朝後期にはおしゃれな女性のワードローブに加わった。ここに示されたティー・ガウン（上段左）はファッショナブルなド

レス同様、コルセットで腰をマークしつつ、一八世紀風のオープン・スリーブと前身頃にドレープさせた「明るめの色調のインド・シルク」がスタイルのポイントになっている。一方、朝用ドレス（下段右）では、胸当てと袖口にスモッキングが施され、オーバー・スカートが「前、後ろ」ともに「ドレープ」している。スモッキングとは、「縫い縮めたギャザーの上に飾るステッチ」[34]で、エステティック・ドレスの特徴とされる。スモッキングは伸縮性があるため、装飾と体の自由な動きを妨げない機能性を兼ね備えていた。したがって、家事を行うための朝用ドレスには都合が良い。スモッキングはイブニング・ドレス（上段右）にも見られる。他のドレスでも、ファッショナブルなドレスに特徴的な細い腰と張り出したヒップ（一八八〇年代に流行したバッスル・スタイル）と、リバティ特有の「デリケートな色」や生地の柔らかさ、それによって可能になった「ゆったりとした多種多様なドレーパリー」が組み合わさっている。

実はこの二年前の一八八四年から、同社は「芸術的・歴史的コスチューム・スタジオ」をウィリアム・ゴドウィン（一八三三―一八八六）指揮のもとに開設し、エステティック・ドレスを本格的に製品化していた。ゴドウィンは唯美主義者で、建築家兼、デザイナーである。服装史の研究をしたこともあった。彼の考えによれば、衣服は「機能的（健康と気候条件に合うこと）」であるべきだが、「美しく」もあるべきだった。それゆえ、「非論理的にファッショナブルな衣服」はアーティスティックなドレスにとって代わられるべきだった。[35]『クイーン』（一八八四年五月一〇日号）によると、このスタジオで作られるドレスは「あらゆる時代の歴史的ドレスを採用するが、現代生活の習慣に適応した、真に美しい改良を施しており、奇妙さや異様さはない[36]」という。エステティック・ドレスのデザイン・ソースはいつしか過去のスタイル全般になったが、古風であることと、機能的で健康的なモダンな美は両立することを、リバティは示そうとしたようだ。すでに一八八三年開催の合理服展において、同社は「古代ギリシャで大層好まれていた素材を復活させるために特別な研究」をし、かつ、「現代の諸要求」に配慮した点が高く評価され、その成果として出来上がったアート・ファブリックは、テクスチャー、色、仕上げのすべてにおいて洗練され、不純物を含まず健康的であると絶賛されていた[37]。

ところで、ブルワードによれば、ファッション誌はドレスのスタイルを解説する際、やみくもに「エンパイア」（一九世紀初頭）や「ルイ一五世」などの歴史を示す用語を振り回すが、それ自体、外向的で都会との連想があるために、「モダン」なのだと言う[38]。エステティック・ドレスの場合、「古風」であることが特徴の一つであるため、歴史を示す用語を解説に使うことは正当だが、見てきたように、単にレトロなスタイルではない。少なくとも同時代性《コンテンポラリー》は、歴史的なスタイルを強く押し出した場合にも見られる。同社が一八九六年に出版したカタログ、『女性服の歴史』には、一八世紀の画家、「ジョシュア・レイノルズの作品をリバティ・スタジオが翻案して[39]」、ディナー・ドレスに仕立てたものが含まれる。レイノルズ風の典雅なラインを実現する一方で、ウエストと首回りには「はっきりと、優美にスモッキングが施され」、「典型的なリバティ・モード」と説明されている。古風であると同時に、スモッキングにより、体の自由な動きと自然な姿勢を保つことができるのだ。さらに、巨大な袖は一八九〇年代の流行のスタイルであり、このドレスはハイネックのシュミーズと長袖をつけることで、少女のための昼用ドレスとしても活用できた。

一方、リバティ商会が扱うエキゾチックな布は、イギリスの文化的優越を示す小道具にもなった。図6－4は『クイーン』（一八八七年五月三〇日号）に掲載された、トルコ刺繍を施した布を舞踏会用ドレスのスカート部分にドレープさせたアレンジである。記事によると、トルコ刺繍作品はレディー・シャルロッテ・シュライバーの邸宅と、リバティ商会で展示された[40]。しかし、これは単なる異国趣味からではなく、難民支援の一環である。アドバーガムによると、「東洋の刺繍に対する関心の一部は露土戦争［ロシアとトルコの間で一六世紀以来、断続的に繰り広げられた戦争］によるもの」であり、避難民を救済する手段の一つとして、トルコ刺繍の販売組織ができたという。レディー・シュライバーは世話人の一人で、リバティ商会は刺繍の販売展示会を店で行い、ドレス丈のものは注文も取った[41]。

図6-4　トルコ刺繍を施したドレス（『クイーン』1887年5月30日号）

刺繍を売ることで、トルコ難民を救う手助けになるわけだが、さらに含みがある。図を見ると、トルコ刺繍を施した布はイギリスの裕福な人々がロンドンの社交界で着用するドレスの一部に完全に取り込まれており、視覚的にロンドン／イギリスの価値と文化的優位を強調しているかのようだ。エキゾチックなトルコと、ロシアとの戦乱が想像させる蛮行を、イギリスの経済的繁栄と文化的洗練によって飼い慣らし／制圧し、イギリス文化に吸収したようにも見える。

総じて、リバティ商会が扱う古風で美しい「アート・ファブリック」や健康的で芸術的なドレスは、ミドルクラスの女性たちに受け入れられたようである。一八八〇年代には、彼女たちが読むファッション誌は「ブライズ・メイド」（花嫁に付き添う未婚女性）のドレスでさえ、リバティ商会で誂えることを推奨し、その「マドラス・モスリン」は「前世紀後半のスタイルにあつらえれば、とても古風で、可愛らしく」、「チャーミングなブライズ・メイドのドレスになる」(42)と保証した。図6－2の後景に描かれたようなドレスを、結婚式という正式な場にふさわしいドレスとして勧めたのである。同社の生地は当時流行りのスポーツ、ローン・テニスを行う際に着用するエプロンとしても推薦された(43)。さらに、ロンドンの最新ファッションをレポートするコーナーでは、次のように報告された。

若い女性たちはリバティ商会の古風な色合いのオリエンタル・シルクをハンカチやエプロンとして使用したり、ねじって、プラッシュ製のハットに巻く。また、イブニング・ドレスには、チュールやガーゼの上にドレープさせている(44)。

女性たちは「古風な色合い」のエキゾチックで、工夫に富んだ生地を独自にアレンジしたのである。さらに、ワイルドがエディターを務めた『ウーマンズ・ワールド』誌（一八八九年）は、ロンドンの高級人気洋品店の一つにリバティ商会を数え、「リバティはアーティスティックな買い物客の、選ば

図6-5　リバティ商会でのスケッチ（『ウーマンズ・ワールド』1889年）

A STUDY AT LIBERTY'S.

れた場所です」[45]と、イラスト付きで紹介した（図6－5）。説明文によれば、図の女性は「悲しいグリーンの『リバティ・シルク』製のローブ」をまとい、「むしろ出来損ないのサラダを思わせる黄色っぽいリボン、サッシュと帽子」を被っている。ハイウエスト気味のこのドレスは、一九世紀初頭のスタイルを思わせる。しかし、たっぷりした袖、肩まで覆う大きな衿、リボンを飾ったハットはさらに前の時代のファッションとの折衷のようだ。腰高に締めたサッシュ（帯）は、前スカートを斜めにドレープしている。古風で美しいだけでなく、体を締め付けることもなさそうだ。一八九六年に同社が出したイラスト付きカタログでも、製品のほとんどは「様々なソースと時代から集めたえり抜きのコスチュームと生地を改作し、修正したもの」[46]と謳っているので、このドレスは色調だけでなく、スタイルもリバティらしいものの一つである。歴史的な衣服の「伝統」とそれを独自の技術で健康的・美的に改作、修正した「革新性」、その結果としての「スタイルの融合」を実現したエステティック・ドレスは、オーソドックスなスタイルのオルタナティブとして、ロンドンのファッション界に確固たる地位を占めたのである。

　実際、ロンドンの消費文化に対するリバティ商会の影響力は絶大だった。同社の成功にあやかり、ホワイトレーズ、スワン・アンド・エドガー、デベナム・アンド・フリーボディーなどのロンドンの大型有名洋品店が東洋部門を開設し、同じくロンドンにある洋品店、ルイス・アンド・アレンビーやステファンズは、独自の「アート」テキスタイルで知られるようになった(47)。

3　イギリスらしさの新たな展開

(1)　パリでも、リバプールでも人気

アディソンとアンダーウッドは、エステティック・ドレスがオルタナティブ・ファッションとして受け入れられた理由として、一八六〇年代のミシンの導入によるファッション・サイクルの加速を挙げている。機械で安く、早く、衣服が生産されるようになったことで、ファッションの変化が早まり、また、装飾過剰気味になっていった。このような状況では、「著しくシンプル」なスタイルのエステティック・ドレスは、下層ミドルクラスの飾り立てた衣服の安っぽさと一線を画することができたという。さらに、高価なハイファッションの着用による富の誇示ではなく、「芸術的」であることによって、新たなステイタスを示すことができたと主張する。この変化は一八六〇年代、七〇年代に発達した女子教育が後押ししたと考えた。女子教育の発達によって、家庭、教養、ドレスや求愛などの「伝統的な女性の領域」を超えた興味を女性たちが持つようになったからである(48)。

　一方で、エステティック・ドレスが大衆化していくと、当初のコンセプトは骨抜きにされ、純粋にヴィジュアルの問題に単純化されるとする意見もある。[49] しかし、著者はそのようには考えない。エステティック・ドレスはフランス・モードにさえ影響を与え、以下に考察するように、ブリテッシュ・ファッションとして確立したからである。リバティ商会が手がけたアート・ファブリックはフランス、イタリアでも人気を得て、[50] 一八八九年のパリ万博では、同社はエステティック・ガウンを出展した。これに弾みを得て、一八九〇年にパリに店を開いたことはよく知られている。[51] リバティ以外にも、パリでエステティック・ドレスを扱う高級店はあったようで、ヴィクトリア・アンド・アルバート美術館には、一九〇四年（二〇世紀である！）のフランス製イブニング・クローク（外套）が現存する（図6-6）。このクロークはくすんだ緑色のシルク・タフタ製で、唯美主義者が大好きだったひまわりのモチーフが裾周りを飾り、肩にも縮小版のモチーフが縫い付けられている。付帯資料によると、[52] ひまわりの花びらは白コットンの糸でコーチングされ、花芯は固く絞ったフリル状のタフタ（クロークと共布）でできている。著者はこのクロークを実際に調査したが、上品な薄緑色の生地とひまわりの装飾の個性的な組み合わせに奇異なところは全くなく、洗練されている。前身頃の縁、袖口、裾は共布のフリルで飾られ、機械織りのレース、松毬を模した房飾りなどの装飾も施されている。スタイル、装飾ともに、一八世紀半ばごろに流行したガウンの一種、プタン・レールを思わせる。縫製、保存状態共に極めて良好である。後ろ首に縫い付けられたラベルには、9 Rue Auber, Francis & Co, Parisと記されている。

図 6-6　フランス製イブニング・クローク（1904 年）

©Victoria and Albert Museum, London

　このクロークの持ち主について、少し詳しく見ていこう。これは、キャラ・ブロートン（旧姓：キャラ・リーランド・ハトルストン・ロジャーズ）（一八六七―一九三九）が一九〇四年に誂えたものだ。彼女はアメリカの裕福な実業家の娘で、一八九五年にイギリス人土木技師、アーバン・ハンロン・ブロートン（一八五七―一九二九）と結婚した。結婚後、二人は長くアメリカに住んだが、一九一二年にイギリスに戻ると、ロンドンの高級住宅地メイフェアに落ち着く。一九一五年には、アーバンは国会議員になり、一九二九年には爵位を与えられることになった。しかし、手続きが完了する前に死亡したため、長男が初代フェアヘーブン男爵として爵位を受け、キャラは初代レディー・フェアヘーブンになった(53)。つまり、このクロークはイギリス人男性と結婚した非常に裕福なアメリカ人女性――後に、イギリスでレディーの称号をもらう――によって、二〇世紀初頭に着用されたのである。

ヴィクトリア・アンド・アルバート美術館には、このクロークの他、彼女が所有していた多数のドレス、装飾品が現存する。しかし、エステティック・ドレスと呼べるものはこの一点のみで、他は一八八〇年代から一九〇〇年代までの最新流行のスタイルのドレスである(54)。それらはパリ（ワース作、昼用ドレスを含む）、ニューヨークで作られ、いずれも手の込んだ豪華なドレスだ。つまり、パリ（風）のハイファッションである。逆に言えば、キャラはエステティック・ドレスに特段、固執していたわけではなかったようだ。それでもなお、彼女が二〇世紀初頭にパリの洋品店で、非常に豪華でユニークなクローク――一八世紀風のスタイルと装飾、そして、ひまわりのアップリケ付き――を作らせたことは、何を意味するのだろうか？　個性的で美的センスを輝かせるエステティック・ドレスが高く評価され、時間的、地理的、社会階層的な広がりを獲得したことを示すのではないだろうか。同時に、イギリス出身ではないキャラが豪華でいかにも唯美主義的な装飾がポイントになっているエステティック・ドレスを誂えたことは、イギリス文化への帰属意識の表明、または、忠誠と捉えることができるように思う。

もう一つ、エステティック・ドレスの時間的、地理的、社会階層的な広がりを示す例として、ウォーカー・アート・ギャラリー（リバプール）に保存されている一九〇五年ごろに製作されたドレスを挙げたい（口絵1）。ダークグリーンのコットン製ベルベットでできたこのドレスは、流れるようなラインが特徴のエステティック・スタイルである。午後のお茶の時に着用するティー・ガウンかもしれない。衿開きは広く、ハイウエスト気味である。ボディスの後ろ中央と脇を開けて着脱する構造になっており、ゆったりしている。着やすさ、機能性に優れていると言える。ネックラインとベルト、肩から袖の開口部にかけて、様式化された花模様がブルーのサテンステッチで刺繍され、さらに、ブルーとオレンジのシルク糸で花綱模様を形作っている。様式化された花の刺繍、またはアップリケ刺繍を蔓模様で繋ぐ装飾は、エステティック・ドレスによく見られる。付帯資料によると、このドレスはリバティ商会がデザインした一九〇五年頃のドレスによく似ているという(55)。しかし、縫製、保存状態ともにあまりよくない。着用者は不明である。

このドレスの特徴は、リバプールの大型洋品店、ジョージ・ヘンリー・リー社の制作であることだ。ジョージ・ヘンリー・リーは一八五三年創業の老舗洋品店の一つである。リバプールの中心地で、高級店が密集するバスネット・ストリートにあった。実際には、高級店の間でも細かいランク付けがあり、一九一〇年から四〇年頃に最も高級品を扱う店はボールド・ストリートにあったクリップス・サンズ社、T&Sベーコン、ドゥ・ジョン・エ・シーだった。ボールド・ストリートは「北のボンド・ストリート」と呼ばれたという。ボンド・ストリートはロンドンの高級商業地区、ウエストエンドにある通りである。ボールド・ストリートの次に、バスネット・ストリートのデパート、ジョージ・ヘンリー・リー、チャーチ・ストリートのボン・マルシェ、ロンドン・ロードのオーウェン・オーウェンなどが続いた[56]。したがって、ジョージ・ヘンリー・リーは高級な店ではあるが、アッパークラス限定の店というわけではなかったことがわかる。リバティ風のドレスを専門に扱ったという記録も見当たらないので、オーソドックスなスタイルを中心に商っていたのだろう。一方で、このドレスが制作された一九〇五年ごろは、同社は最盛期を迎えつつあった。一八九七年に株式会社になり、一九一〇年には一二〇〇人の従業員を抱えるまでに成長したからである[57]。

この非常に勢いのある地方のデパートがエステティック・ドレスを制作したことは、地方都市においても、ミドルクラスの女性の間にリバティ風の芸術的なドレスの需要があったことを示している。ドレスの質はそれほど良いわけではなく、着古したあとが随所に見られることから、持ち主は特別裕福な女性ではなかっただろう。このドレスを大変気に入り、長期に亘って着用したかもしれない。本節で取り上げた二枚のドレスは、二〇世紀初頭までには、エステティック・ドレスが広く国内外のファッションの基準の一つになっていたことを示している。

(2) 自己表現としてのファッション

エステティック・ドレスの長期に亘る流行を通して、イギリス人女性は芸術的な衣服の色、スタイルについて学習し、センスを磨いた。ヴィクトリア朝期には、女性服は基本的に階級指標として機能すべきと考えられていた。したがって、個人的な好みはドレスの「洗練」、「適切さ」や「可愛らしさ」の影に隠れてしまうが、これに代わって、自身の想像力、美的感覚を突飛にならない程度に投影できるエステティック・ドレスの折衷性、スタイル融合の可能性は、彼女たちに自己表現の自由を与えた。[58]

実際、個性を表すことは新しい価値として益々強調されていった。『アート・オブ・ビーイング・ビューティフル』（一九〇二年）の著者は、単刀直入に「賢い女性は、一面では美しくなれなくても、別の面ではなることができる。個性を確立するのだ。中には欠点を魅力に替える人もいる」と述べる。[59] ハーウェイス夫人も著書『アート・ビューティー』（一八七八年）の中で、従来「不細工」とされたラファエル前派の画家たちが描く「上唇が突き出た、顔色の悪い」女性が今や高く評価されていると述べ、「並みの容貌の女性がすべきこと」として、ラファエル前派のスタイルに習い、「流行っていようがいまいが、優れた、なんとも言い表せない色、優美な形を最新の注意を払って選ぶ」べきだと提案している。そうすることで、「古風で趣のある」様子が得られるのだと。[60] ブラウニングも一八九八年出版の著書、『ビューティー・カルチャー』で、ラファエル前派の画家たちは「芸術においても、自然においても、醜いものは存在しないことを我々に教えてくれた」[61] と述べ、一般にファッショナブルと考えられているものとの距離の取り方を次のように強調する。

ファッションを完全に無視することは、賢くもなければ、育ちの良いことでもありません。しかし、美の変化すべてに捧げることも愚かで、粗野です。まず、自分自身の素質を研究し、それから、好ましく見えるようにモードに譲歩しましょう。[62]

流行りのドレスと美の基準に逐一自分を合わせるのではなく、個性を表すために、ファッションを選択／開拓すべきであると提案している。実際、ヴィクトリア・アンド・アルバート美術館には、先に挙げたドレスの他にも、エステティック・スタイルの個性的なブラウス（七部袖のクレープコットン製、貝のボタン、首回りに紫の刺繍付き）や、紫のシルクベルベット製ティー・ガウン（紫とグリーンのシルク糸の刺繍付き）などが保管されている。(63) アディソンとアンダーウッドは、エステティック・ドレスでは、「スタイルを選び、異なる歴史的プロトタイプを組み合わせることで、女性は個人的なスタイルを表現することができたし、それに伴い、開放感も得た。(64)」とも指摘する。

リバティ商会製のドレスをセレクトすることが個性を表す効果的な方法だったことは間違いない。『形と色』（一八九〇年）によれば、同社が実現した衣服の色とスタイルの改革は、「芸術的な装飾の発展に向けた様々な努力の中で、おそらく最も重要」であり、「その影響は世界的で、形と色の両方において公衆の趣味に革命的な変化をもたらした(65)」。さらにフォルチュネイトによれば、広く宣伝された商品を選ぶこと（大衆消費）とエステティック趣味による自己表現の関係こそがモダニズムだという。(66) 少し先回りするならば、芸術的なエステティック・ドレスが持つ折衷性、スタイル融合の可能性とそれらを使っての個性の表出は、今日まで続くブリティッシュ・ファッションの特徴でもある。服飾研究家、アーマンは次のように示唆する。「唯美主義運動によって提唱された、折衷的で個人的な衣服へのアプローチは、二〇世紀には、芸術的でボヘミアンな集団に加わる女性服にその要素が明示され、これは今日では、ブリティッシュ・ファッションの主特徴の一つと考えられている」[67]。

総じて、エステティック・ドレスは、かつてミドルクラスの人々が抱えた最大のコンプレックスだった芸術性（彼らの色彩音痴を思い出して欲しい）を合成染料の使用とは異なる方法で長所にまで引き上げ、イギリスらしさに加工した。そうすることで、自己イメージまで作り変えたと言える。これは個性を重視した美容書の言説からもわかるが、ロンドンのスピタルフィールズで行われたイギリス産シルクの展覧会の様子とシルク産業の歴史を述べた、リバティ商会のカタログ、『養蚕、または、古代と現代のシルク地とイギリス産シルクの復興』（一八九一年）に明示されている。本章の締めくくりに、このカタログを見ておこう。

スピタルフィールズは、かつてシルクの主要な生産地だった。しかし、外国製品に圧され、カタログが出版された一八九一年には、消滅寸前だった。カタログは、「我々の愛国心、または、企業心がこの産業を促進するための方策を考え出さない限り、間もなくスピタルフィールズのシルクは完全に消滅するだろう」[68]と認めている。その上で、イギリス産シルク（特に、スピタルフィールズ産）における最近の改良点を「外国製品と比較して」、次のように挙げる。1．国産生地の技術的な完璧さ、2．芸術的な卓越、3．生産コストが比較的有利であること[69]。これらの点は「純粋にイギリス原産のシルク製品に対して最近行われた、目を見張る向上である」と、強調される。1と3は、イギリスが誇ってきた工業と技術の発達によって成し遂げられるだろう。2「芸術的な卓越」とは、特に「デザインの美、色の純粋さと洗練」を意味し、スピタルフィールズ製品の従来の特徴である「耐久性」に追加された特質とされる。これらの「芸術的特徴」は、「つい最近まで、イギリスのテキスタイル産業では一般的とは言い難かった」というから、新たな改良点であり、価値である。[70] 色彩の学習に関しては、第一章で見た通り、有効な手段が提案されていたが、デザインも含めた「芸術的な卓越」を新たな強みとして挙げることができたのは、エステティック・ドレスがイギリスで考案され、色彩とスタイルの両面で独自に改良を続け、モードの伝統的な中心地、パリにおいてさえ求められた実績によるだろう。繰り返すまでもなく、このカタログの出版元であるリバティ商会は、イギリス国内外にエステティック・ドレスを普及させた総本山である。独自にシルク地の開発も行ってきた。

こうして、エステティック・ドレスはエキゾチックな要素、歴史的スタイルを織り交ぜながら、着用者の個性をエキセントリックにならない程度に演出し、ミドルクラスのモダンな生活の変化に合わせてスタイルの融合と革新を繰り返すことで、ブリティッシュ・ファッションに新たな一ページを加えたのである。

おわりに

以上、五種類のブリティッシュ・ファッションを考察してきた。本書では、レインコートは当初、ゴムでできていた、下っ端のメイドは花柄を着せられた、女性スーツのルーツは乗馬服にあり、イギリス独特の色彩感覚はフランスに対するコンプレックスが原因などの事実を明らかにし、どのようにブリティッシュ・ファッションへと発展したかを探ってきた。明らかになったことは、モダンなファッションの四つの特徴を備えるとともに、ミドルクラスの人々の価値観と産業の発展に裏付けられた実践力が、アッパークラス主導のハイファッションを消化・吸収し、時に反発、問題を提起することで、モダンなブリティッシュ・ファッションを成長させたことである。ミドルクラスの重要性は、スマートにレインコートを着こなしたホームズも、所詮は仕事のために沼地を這い回る階級であることからわかる。ハイソな女性用乗馬服にしても、街着と兼用であり、スカートの改良が下馬した時の形のよさにやたらとこだわるのは、主な着用者が自分の領地内に馬場を所有する貴族ではなく、乗馬スクールまで出かけなければならない種類の人だったからである。さらに、ハンナが着続けたメイドの服はミドルクラスの階級意識やジェンダー観そのものを疑問視し、花柄のドレスはミドルクラスの内部から既存のファッションの概念を解体するダイナミズムを備えていた。エステティック・ドレスでは、地域、社会階級、時間を複合的に横断することで、ブリティッシュ・ファッションに独特の芸術性と普遍性を与えた。モダンなファッションの特徴に関して付け加えると、それらは技術「革新」が全面に押し出されたレインコートにさえ当てはまる。男性用レインコートはロンドンの有名紳士服店が仕立てることで、「伝統」からの逸脱をまぬがれ、スタイルとしては、それまで主流だったチェスターフィールドに取って代わった（オルタナティブ）。さらに、防水性のアルスターが冬の寒さ対策だけでなく、雨天での外出一般に用途を拡張することで、紳士が着用するにふさわしいレインコートにフードが加わった。

とはいえ、本書には一九世紀イギリスを代表すると一般に考えられているファッションが一つも入っていないことは事実である。ヴィクトリア女王がわざわざ公式行事のために作らせたイギリス産のシルクドレスも、彼女が大好きだったタータンチェックも扱わなかったからだ。ヴィクトリア女王はその名が示す通り、「ヴィクトリア朝」を代表する存在であり、本著で扱った「モダン」とは結びつかない。彼女が様々な商品の広告に（勝手に）使われることはよくあったが、だからと言って、ファッション・リーダーだった訳でもなかった。特に、アルバート公亡き後には、公の場に姿を現すことさえ希だった。

一方、本著で取り上げたすべての衣類には、現代の我々が衣服に求めるもう一つのモダンな要素の萌芽が見られる。それは、健康美を目指すことだ。健康美や健康的な衣服に関しては、乗馬服、エステティック・ドレスの章でそれぞれ考察を加えた。乗馬は心身の健全な美を達成する最善の手段であり、改良された乗馬服は乗馬時のみならず、下馬した時の身のこなしの美しさと機能性を備えることで、これを実現した。エステティック・ドレスでは、軽く、しなやかな生地で作られ、体を締め付けないスタイルであることが重視された。服飾史では、健康的で快適な美しさを求めることはヴィクトリア朝後期に話題を呼んだ合理服協会の専売特許のように考えられているが、実際には、レインコートからメイド服、花柄コットンのドレスに至るまで、すべてに当てはまる。本著をまとめるに当たり、この点について述べておきたい。

健康美は衛生観の近代化に関係する。ジョージ・ヴィガレッロによると、一八世紀後半以降、清潔とは、わざとらしさ（高価な香水を浴びるほど体にふりかける、厚化粧で肌の汚れや荒れを覆い隠す）から、「みずみずしいエキス、生命に満ちあふれたもの、そしてなによりも身体の力と結びつく」ようになっていった。つまり、体をきれいに保つことは身体を守り、体の鍛錬を目指すことを意味するようになったのだ。(1) さらに、衛生の名の下に、健康・強靭であること、それを目指すことが美しさ、規律や洗練と解されるようになった。

この考えに基づくと、「気性、士気、食欲を向上させ、精神から黒い影と病的な空想を取り払う」(2) 効果があるとされる乗馬と、そのための足さばきも軽やかな乗馬服は、極めて衛生的で健康的なファッションである。地味なメイドの制服や海辺で着る花柄のコットン・ドレスも、これに劣らず健康美を目指す衣服となる。メイドの制服には、清潔かどうかが一目でわかる白いエプロン、カラーとカフスが含まれ、黒い無装飾のドレスは極めて実用的で、丈が短めなので動きやすく、衛生を保つことができる。黒のドレスが白いエプロン、カラーやカフスと鮮やかなコントラストをなすことで、着用者を活き活きと見せる効果もあっただろう。一方、花柄のコットン製ドリー・ヴァーデン・コスチュームは、潮風を受けても他の生地ほどには湿っぽくならず、洗濯板でゴシゴシこすって洗っても問題ない。古くさい柄なので、色落ちを気にする必要もないのだ。コットンは他の洗濯できる生地に比べて、乾きが早いという利点もあった。もっとも、ドリー・ヴァーデン・コスチュームを着て浜辺をジョギングした女性はいないだろうが、コットン製の軽いドレスは若い着用者を確実に活動的にしたことだろう。

反対に、最新技術を投入して開発した新製品でも、健康美を実現できない場合は問題視された。最たる例は初期のゴム引きレインコートである。第二章で述べたように、ゴムを防水布に加工すること自体は画期的なアイディアであり、最新の化学技術の粋を尽くした点で、国の誇りでもあった。しかし、肌を気密性の高いゴムですっかり覆ってしまうと、発汗作用が妨げられ、不潔なのだ。そもそも、毛穴を塞いでしまうことは「危険」であり、「体内に毒を蓄積させて衰弱やだるさを引き起こし、果ては死に至る可能性がある」(3)とまで、言われていた。したがって、ゴム引きのマッキントッシュは不潔で危険、不健康極まりない代物ということになる。

翻って、ホームズも着たギャバジン製のレインコートは男性服の「伝統」やウールの肌触りの良さからくるステイタスに加えて、衛生面でもゴム引きに優っていた。もっとも、加硫処理が行われるようになった一九世紀半ば以降、ゴムはレインコートだけでなく、サスペンダーや靴下、靴ひものいらない靴[4]、さらには滑らない靴底[5]など、様々に活用されたが、二〇世紀に入ってもなお、高級コート・メーカーは衛生を武器にゴムを攻撃していた。たとえば、バーバリーは一九一八年に次のように広告した。「バーバリーの布はゴム、その他の空気を通さない物質を使わずに、特別な加工で織り、防水され、衛生的で、湿気、寒さから効果的に保護し、極めて丈夫です。強く、軽い生地でできており、どんな戦地にも適応[6]」。第一次世界大戦末期なので、このコートを着て戦地に赴くことを想定しており、衛生はことのほか重要である。「空気を通さない」「ゴム」と対比させることで、ギャバジンの衛生を効果的にアピールし、さらに、ゴムより「強く」、「軽い」ことを強調することで、ギャバジン製のコートは体に負担のかからない健康的な衣類であると喧伝した。

もちろん、本書で取り上げたいくつかの例から、一〇〇年以上も前のスタイルがそのまま現代イギリスのファッションになったなどというつもりはない。だが、著者が購読している『ブリティッシュ・ヴォーグ』誌には、ここ数ヶ月分だけでも、「花柄」のドレスがマスト・アイテムとして何度も取り上げられ、オートクチュールの「乗馬服」風コートや、ものすごくおしゃれな「レインコート」特集、さらには、“A Certain Je ne sais quoi: What makes the French so Eternally Chic ?[7]”なる記事まで掲載されている。明らかに、レインコートからエステティック・ドレスまで、本書で取り上げた五種類のファッションは、現代のブリティッシュ・ファッションのスタイル、そして、コンセプトの礎になっている。モダンなファッションの諸特徴を備えているだけでなく、これらが取り組んだトピック——ジェンダー規範、社会階級、仕事とレジャー、アートと消費社会、そして、フランス・モードに対する積年のコンプレックスとリベンジ——は、現代でも、イギリス人の衣服がチャレンジし続ける問題だからだ。

著者略歴

1990 年　日本女子大学大学院文学研究科博士課程前期修了
1995 年　ロンドン大学大学院ゴールドスミスカレッジ博士課程修了（M. Phil. 取得）
2004 年　ヴィクトリア・アンド・アルバート美術館特別研究員
2009 年　国際服飾学会 奨励賞受賞
2018 年　日本家政学会 学会賞受賞
現　在　日本女子大学人間社会学部教授
著　書　『ウェディングドレスはなぜ白いのか』(勁草書房, 1997 年)『おとぎの国のモード』（勁草書房，2002 年）『アリスの服が着たい』(勁草書房, 2007 年)『レディーの赤面』(勁草書房, 2013 年)『ファッションの歴史』（分担執筆，朝倉書店，2002 年）『ピーターラビットは時空を超えて』）（分担執筆，北里書店, 2004 年）『衣裳で読むイギリス小説』（分担執筆，ミネルヴァ書房，2004 年）『ギャスケルで読むヴィクトリア朝前半の社会と文化』（分担執筆，渓水社，2010 年）

メイド服とレインコート
ブリティッシュ・ファッションの誕生

2019年 2 月25日　第 1 版第 1 刷発行

著　者　坂《さか》井《い》妙《たえ》子《こ》

発行者　井　村　寿　人

発行所　株式会社　勁《けい》草《そう》書　房

112-0005 東京都文京区水道2-1-1　振替　00150-2-175253
（編集）電話 03-3815-5277／FAX 03-3814-6968
（営業）電話 03-3814-6861／FAX 03-3814-6854
本文組版 プログレス・港北出版印刷・松岳社

ISBN978-4-326-65420-8　　Printed in Japan

http://www.keisoshobo.co.jp

注

序　章

（1）　Sapio, Joseph De. *Modernity and Meaning in Victorian London* (Basingstoke: Palgrave Macmillan, 2014), p. 1.
（2）　Ibid., pp. 2-3.
（3）　Breward, Christopher. Ehrman, Edwina and Evans, Caroline. *The London Look: Fashion from street to catwalk* (New Haven and London: Yale Univ. Pr., 2004), p. 6.
（4）　Ibid., pp. 6-7.
（5）　Ibid., p. 10.
（6）　Ibid., p. 13.
（7）　Sapio, J. D. op. cit., p. 2.
（8）　'Long-distance shopping'（ロンドン博物館常設展示 2018 年）
（9）　Breward, C. et. al., op. cit., pp. 54-55.
（10）　Breward, C. et. al. op. cit., pp. 53-54. なお，モーガンによると，フランス－プロシア戦争では，イギリス人はドイツに同情する傾向があり，フランスを「ヨーロッパの平和を脅かす主要な脅威」とみなしたという．しかし，ドイツに対するこの好意も，海軍力の競争や外交上の緊張関係により，19 世紀末までには劇的に変化した．Morgan, Marjorie. *National Identities and Travel in Victorian Britain* (Palgrave, 2001), p. 214.
（11）　Marabari, B. *The Indian Eye on English Life, or, Rambles of a Pilgrim Reformer* (London: Archibald Constable & Co., 1893), pp. 29-30.
（12）　Smith, G. *A Trip to England* (New York: Macmillan, 1892), pp. 97-98.
（13）　Breward, C. et. al. op. cit., p. 61.
（14）　Haight, Canniff. *Here and There in the Home Land* (1895), p. 188.
（15）　Smith, G. op. cit., pp. 108-109.
（16）　Sapio, J. D. op. cit., p. 6.
（17）　An Old Stager. *Hints to Railway Travellers, and Country Visitors to London* (London: Bradbury & Evans, 1852), pp. 39-40.
（18）　Loeb, Lori Anne. *Consuming Angels: Advertising and Victorian Women* (New York and Oxford: Oxford Univ. Pr., 1994), p. 10.
（19）　コリー，リンダー．『イギリス国民の誕生』（名古屋大学出版局，2000

年), pp. 125-126.

(20) Ribeiro, Aileen. *A Dress and Morality* (Oxford and New York: Berg, 2003), p. 118.

(21) Steele, Valerie. *Paris Fashion* (Oxford and New York: Berg, 1998), p. 3.

(22) Bolton, Andrew. *Anglomania: Tradition and Transgression in British Fashion* (New York: MET. 2006), p. 19.

第一章

(1) Vann, J. Don and VanArsdel, Rosemary T. *Victorian Periodicals* vol.2 (New York: The Modern Language Association of America. 1989), p. 67.

(2) Ibid.

(3) Mitchell, B. R. and Deane, P. *Abstract of British Historical Statistics* (Cambridge: Cambridge Univ. Pr., 1962), p. 366. Landes, Davis S. *Cambridge Economic History of Europe* vol. VI (1965), p. 353n. Best, Geoffrey. *Mid-Victorian Britain 1851-1875* (London: Fontana Press, 1985), p. 21.

(4) 坂井妙子,『レディーの赤面』(勁草書房, 2013 年), 34-36 頁

(5) *The Englishwoman's Domestic Magazine* (London: 1852), p. 1.

(6) Beetham, Margaret. *Magazines of Her Own* (London: Routledge, 2006), p. 73.

(7) Ribeiro, A. (2003) op. cit., p. 127.

(8) Anon. *The Habits of Good Society* (London: James Hoggs & Sons, 1859), pp. 42, 43, 162.

(9) Pearl, Sharrona. *About Faces* (Cambridge MA: Harvard UP, 2010).

(10) T., C. *How to Dress: A Manual of the Toilet for the Use of Both Sexes* (London: George Routledge & Sons, 1868), p. 13. 同様の指摘は, Cooley, Arnold J. *The Toilet and Cosmetic Arts in Ancient and Modern Times* (London: Robert Hardwicke, 1877), p. 176 他にもある.

(11) Adburgham, Alison. *Shops and Shopping 1800-1914* (London: George Allen and Unwin Ltd., 1964), pp. 65-67.

(12) "Spinnings in Town", *The EDM* (Sept. 1868), p. 155.

(13) "Spinnings in Town", *The EDM* (Apr. 1870), p. 234.

(14) "The Fashions", *The EDM* (Jan. 1867), p. 34.

(15) "Spinnings in Town", *The EDM* (Nov. 1870), p. 303.

(16) "Spinnings in Town", *The EDM* (May 1869), p. 271.

(17) "Spinnings in Town", *The EDM* (Jul. 1869), p. 35.

(18) 研究代表者 佐々井啓,「ヴィクトリア朝の服飾表現にみる女性の自立と

身体観に関する研究（2）」（2012年，日本家政学会第64会大会，ポスター発表）

（19） T., C. op. cit., p. 9.

（20） Sylvia. *How to Dress Well on a Shilling a Day; A Ladies' Guide to Home Dressmaking and Millinery*（London: Ward, Lock, 1876）, p. 14.

（21） Haweis, Mary. *The Art of Beauty*（New York: Harper & Brothers, 1878）, rept. pp. 14-15.

（22） *The Habits of Good Society*, op. cit., p. 161.

（23） "Spinnings in Town", *The EDM*（Feb. 1869）, p. 96.

（24） たとえば，チェスターフィールド卿は息子への手紙の中で自己抑制の重要性を強調している．Strachey, C. ed. *The Letters of Lord Chesterfield to his son* 2 vols（London: Methuen, 1901）, I, p. 335. Porter, Roy. "Making Faces: Physiognomy and Fashion in Eighteenth-century England," *Etudes Anglaises* No. 4 Oct-Dec.（Paris: 1985）, pp. 391-392.

（25） Pearl, S. op. cit., p. 81.

（26） Reeve, Christine G. J. "Dress and Economy", *Longman's Magazine*（12 Jul. 1881）, p. 294.

（27） T., C. op. cit., pp. 28-29.

（28） Kortsch, Christine Bayles. *Dress Culture in Late Victorian Women's Fiction*（Surrey: Ashgate, 2009）, p. 73.

（29） Vincent, Susan J. *The Anatomy of Fashion*（New York: Berg, 2009）, pp. 41-48.

（30） Steele, Valerie. *The Corset*（New Haven & London: Yale Univ. Pr., 2001）, p. 51.

（31） Ribeiro, A.（2003）op. cit., p. 129. Fontanel, Beatrice. *Support and Seduction: The History of Corsets and Bras*（New York: Harry M. Abrams Inc., 1997）, pp. 52-53.

（32） Vincent, S. J. op. cit., p. 41.

（33） Steele, V.（2001）op. cit., p. 46.

（34） Vincent, S. J. op. cit., p. 41.

（35） 例えば，以下の著書参照．Kunzle, David. *Fashion and Fetishism*（Lanham, MD: Rowman and Littlefield, 1982）. Summers, Leight. *Bound to Pleasure*（Oxford: Berg, 2001）. Steele, V.（2001）op. cit. Fontanel, B. op. cit.

（36） *The Freaks of Fashion*（London: Ward, Lock, and Tyler, 1871）, p. 165.

（37） Ibid., Chaps. VII, VIII, IX.

（38） Kortsch, C. B. op. cit., p. 75.

(39) Steele, V. (2001) op. cit., p. 90.
(40) *The Freaks of Fashion*, op. cit., p. 158.
(41) *The EDM* (Feb., 1871), p. 127: Steele, V. (2001) op. cit., p. 89.
(42) *The Freaks of Fashion*, op. cit., p. 178.
(43) Ibid., p. 173.
(44) Ibid., p. 168.
(45) Ibid., p. 174. Ribeiro, A. (2003) op. cit., p. 135. Steele, V. (2001) op. cit., pp. 90-111.
(46) "Your Son's Educations," *The EDM* (Oct. 1863), pp. 270-273.
(47) この点に関しては，特にスティール（2001）の前掲書が詳しい．
(48) Cunnington, C. Willet. *The Perfect Lady 1815-1914* (London: Max Parrish, 1948), p. 42. Ribeiro, A. (2003) op. cit., p. 135.
(49) Newton, Stella Mary. *Health, Art and Reason: Dress Reformers of the Nineteenth Century* (London: John Murray, 1974), p. 117. Vincent, S. J. op. cit., p. 45.
(50) Aindow, Rosy. *Dress and Identity in British Literary Culture, 1870-1914* (Surrey: Ashgate Publishing Ltd., 2009), pp. 94-97. David, Alison Matthews. "Aestheticism's True Colors", Schaffer, T. and Psomiades, Kathy Alexis eds. *Women and British Aestheticism* (Charlottesville and London: Univ. Press of Virginia, 1999), pp. 172-191.
(51) Bain, Alexander. *The Emotions and the Will* (Washington D. C: Univ. Publications of America, 1859), p. 614. David, A. M. (1999) op. cit., p. 181 より引用
(52) "Dress and Fashion," *The Queen* (29 Mar. 1884), p. 353.
(53) Taine, Hippolyte. *Notes on England* (London: W. Lesbister & Co., 1874), p. 68.
(54) Silvia. op. cit., p. 54. 他に，プリチャードも次のように指摘している．「色に関して，イギリス人の趣味がいかに悪いかは全く恐れ入る」Pritchard, Eric. Mrs. *The Cult of Chiffon* (London: Grant Richards, 1902), p. 37. さらに，『上流階級の習慣』の著者も，「この点［色のハーモニー］に関して，イギリスほど不快感を与える国は他にない．けばけばしいことを効果と勘違いし，野暮をエレガンスと取り違えるのだ．」と指摘している．*The Habits of Good Society*, op. cit., p. 174.
(55) Anon. *How to Dress on £15 a Year* (London: Frederick Warne, 1873), p. 13.
(56) Anon (a lady). *Beauty, What It Is and How to Retain It* (London:

Frederick Warne & Co., 1873), rept. p. 102.
(57) Cooley, A. J. op. cit., pp. 177–178.
(58) 前掲　坂井（2013），第三章
(59) "Our Library Table," *The Ladies' Cabinet of Fashion* (1863), pp. 50–51.
(60) Walker, A. Mrs. *Female Beauty* (New York: Scofield and Voorhies, 1840), pp. 281–301.
(61) Chevreul, Michel Eugéne. *De la loi du contraste simultané des couleurs et de l'assortiment des objects colorés* (1839). E. M. シェブルール，佐藤邦夫訳，『シェブルール色彩の調和と配色のすべて』（青娥書房，2009 年）
(62) Nicklas, Charlotte. "One Essential Thing to Learn is Colour", *Journal of Design History* Vol. 27 No. 3 (2014), pp. 218–236.
(63) Palmer, Caroline. "Colour, Chemistry and Corsets: Mary Philadelphia Merrifield's Dress as a Fine Art", *Costume* Vol. 47 No. 1 (2013), p. 7.
(64) Merrifield, Mary Philadelphia. "The Harmony of Colours," *The Crystal Palace Exhibition Illustrated Catalogue* (London) 1851, I~VIII.　このエッセーの解釈は以下の論文を参照している．Palmer, C. op. cit., pp. 3–27.
(65) Merrifield, M. P. op. cit., p. I.
(66) Murray, John. *Murray's Handbook for Modern London* (London: John Murray, 1851), xlvii–lxiv.
(67) Merrifield, M. P. op. cit., pp. I–IV.
(68)「ベルリンワーク」とは，大沼淳他監修，『ファッション辞典』（文化出版局，1999 年）によると，「始めは絹糸で全面を刺したキャンバス・ワークであったが，1820 年ごろからベルリン周辺でとれるウール糸を用いたことから，この名でよばれた．」という．(p. 473)
(69) Merrifield, M. P. op. cit., p. VI–VII.
(70) David, A. M. (1999) op. cit., p. 175.
(71) Read, John. "The Life and Work of Perkin", *Perkin Centenary London: 100 Years of Synthetic Dyestuffs* (London, New York, Paris and Los Angeles: Pergamon Pr. 1958), pp. 10, 12.
(72) Kortsch, C. B. op. cit., p. 62. もっとも，アニリン染料は，ベンゾール，コールタール，ヒ素などから生成されたため，健康被害を懸念する声もあったことを付け加えておく．Ballin, Ada S. *The Science of Dress in Theory and Practice* (1885), Chap. VIII. David, Alison Matthews. *Fashion Victims* (London, Oxford, New York: Bloomsbury, 2015), Chaps. 3 and 4.
(73) David, A. M. (1999) op. cit., p. 176.
(74) Read, J. op. cit., p. 21.

(75) Allen, Grant. *The Colour Sense* (London: Kegan Paul, Trench, Trubner, & Co., 1892), pp. 206, 243-244.

(76) *Hosking's Guide to the Manchester Trade* (Manchester: Albert W. Hosking), Jul. 1877, p. 68. Sykas, Philip. *The Secret Life of Textiles* (Bolton: Bolton Museums, 2005), p. 141 より引用.

第二章

(1) Fido, Martin. *Sherlock* (London: Carlton Books, 2015), pp. 41-42.

(2) ドイルはわずかに,「ボスコム谷の惨劇」(1891 年) で,「ながい鼠いろの旅行用外套を着て, ピタリとあったハンチングをかぶった」(his long grey traveling-cloak and close-fitting cloth cap),「白銀号事件」(1892 年) で,「シャーロック・ホームズは耳当て付きの旅行用ハンチングをかぶった顔を緊張させて」(Sherlock Holmes, with his sharp, eager face framed in his ear-flapped traveling-cap), そして, 長編『バスカヴィル家の犬』(1901 年) で,「ツイードの服にハンチングというその姿は, どう見てもこの沼沢地方の旅人といった扮装である」(In his tweed suit and cloth cap he looked like any other tourist upon the moor) などの描写を行っている程度である.

なお, 本文中で引用するホームズ作品は初版年を記す. 原文は *The Strand Magazine* (1891 〜) より引用, 邦訳は新潮文庫を使用する. 本文中で使用する短編の収録は以下の通り.「ボスコム谷の惨劇」,「赤髭同盟」,「ボヘミアの醜聞」,「オレンジの種五つ」,「まだらの紐」:『シャーロック・ホームズの冒険』.「白銀号事件」,「ギリシャ語通訳」,「海軍条約文書事件」,「マスグレーブ家の儀式」:『シャーロック・ホームズの思い出』.「金縁の鼻眼鏡」:『シャーロック・ホームズの帰還』.「ブルースパーティントン設計書」,「悪魔の足」:『シャーロック・ホームズ最後の挨拶』.

(3) この服装のホームズ像が定着した理由の一部を,『シャーロック』(2015 年) の著者, マーティン・フィドとホームズのホームページ (Baker Street Wikia com) は, 作品に最初にイラストを入れたシドニー・パジット (1860-1908) に帰している. その後, ディア・ストーカーをかぶり, ケープの付いたコートを着たホームズのイメージは, 映画やテレビでも使われ, それによって「大衆文化」に定着したと二者は考えている.

(4) Levitt, Sarah. "'Manchester Mackintoshes: A History of the Rubberized Garment Trade in Manchester", *Textile History*. Vol. 17, (1986-1), pp. 51-69.

(5) Ehrman, Edwina. *Fashioned from Nature* (London: V&A Publishing, 2018), p. 75.

(6)　Cambell, Patrick. *The Aquascutum Story* (London, 1976), n. p.
(7)　Adburgham, A. op. cit., p. 84.
(8)　Tynan, Jane. "Military Dress and Men's Outdoor Leisurewear: Burberry's Trench Coat in First World War Britain", *Journal of Design History*. Vol. 24 No. 2 (2011), p. 144.
(9)　前掲　大沼，p. 305
(10)　Davies, Hywel. *British Fashion Designers*（ブルース・インターアクション，2010), p. 41
(11)　Burscough, Margaret. *The Horrockses Cotton Kings of Preston* (Lancaster: Cromwell Press, 2004), pp. 105, 185.
(12)　Cambell, P. op. cit., n. p.
(13)　Tynan, J. op. cit., 139-156.
(14)　"Burberry Trench-Warm", *The Sphere* (11 Nov. 1916), p. x.
(15)　防水布を独自に開発した19世前半の洋品店と，本章で取り上げた以外の洋品店については，以下参照.
Adburgham, A. op. cit., pp. 180-192. Levitt, S. (1986-1) op. cit., pp. 51-69. Levitt, S. *Victorians Unbuttoned* (London: George Allen and Unwin Ltd., 1986-2), pp. 180-192.
(16)　"Flittings", *The EDM* (Sept. 1878), p. 146.
(17)　"Flittings", *The EDM* (Mar. 1879), p. 150.
(18)　Levitt, S. (1986-1) op. cit., p. 58より引用.
(19)　Pattern Book for 'Perfecta' waterproof of samples and line drawings. Victoria and Albert Museum, London 蔵　Museum No. T. 209-1998.
(20)　Sample Book of Textiles with Fashion Plates for Gresham Raincoats. Victoria and Albert Museum, London 蔵　Museum No. T. 289-1998.
(21)　海野弘,『流行の神話』（フィルムアート社，1976年）p. 28.
(22)　*Clothes and the Man* (London: Grant Richerds, 1900), p. 126.
(23)　*The Gentleman's Tailor Fashion* (London, 1927-28), n. p.
(24)　Wells, H. G. *Kipps, the Story of a Simple Soul* (1905), Book 3 Chap. 2. Levitt, S. (1986-2), op. cit., p. 189より引用.
(25)　*Clothes and the Man*, op. cit., 188.
(26)　*The Gentleman's Art of Dressing, with Economy* (London: Frederic Warne and Co., 1876), p. 34.
(27)　Nevill, Dorothy. *Under Five Reigns* (London: Methuen & Co., 1910), p. 334.
(28)　Crane, Diana. "Working-class Clothing and the Experience of Social

Class in the Nineteenth century", Barnard, Malcolm ed., *Fashion: Critical Concepts in Media and Cultural Studies* (London and New York: Rutledge, 2012), Vol. III, p. 40.
(29) Breward, Christopher. *The Culture of Fashion* (Manchester and New York: MUP., 1995), p. 174.
(30) 小林司，東山あかね，『図説シャーロック・ホームズ』(河出書房新社，2012 年), pp. 48-49.
(31) ワグナー , E. J.『シャーロック・ホームズの科学捜査を読む』(河出書房新社，2009 年), pp. 202-226.
(32) Bryde, Penelope. *The Male Image: Men's Fashion in Britain 1300-1970* (London. B. T. Batsford, 1979), pp. 124-125.
(33) 前掲　小林，東山，p. 128.
(34) *Clothes and the Man*, op. cit., p. 178.
(35) Ibid. p. 179.
(36) Bryde, P. op. cit., p. 135.
(37) *Tailor and Cutter* (London: 9 Dec. 1897). n. p. Bryde, P. op. cit. p.135 より引用.
(38) Bryde, P. op. cit. p. 137.
(39) Levitt, Sarah. *Fashion in Photographs 1880-1900* (London. B. T. Batsford, 1991), p. 22.
(40) Nevill, D. op. cit. p. 334.
(41) Coat Bible 製作プロジェクト編，『Coat Bible』(卓球王国，2014 年), pp. 90-91.
(42) "Ulsters for Motor and Travelling", *Minister's Report of Fashion* (Feb. 1911), pp. 8-9.
(43) "Overcoats", *Minister's Report of Fashion* (Feb. 1918), p. 9.
(44) "Ulsters", *Minister's Report of Fashion* (Aug. 1918), p. 8.
(45) Bryde, P. op. cit. p. 135.
(46) Breward, Christopher. *The Hidden Consumer: Masculinities, Fashion and City Life 1860-1914* (Manchester and New York. MUP, 1999), p. 57.
(47) *The Gentleman's Art of Dressing, with Economy*, op. cit. pp. 5-8.
(48) *Clothes and the Man*, op. cit. p. 18.

第三章

(1) Grimshaw, Anne. *The Horse* (London: The Library Association, 1982), p. 15.

(2) Henderson, Robert. *The Barb and the Bridle: A Handbook of equitation for ladies* (London: The 'Queen' Office, 1874), p. 2.
(3) Clarke, J. S. Mrs. *The Habit and the Horse* (London: Smith Elder, 1857), p. iv.
(4) David, Alison Matthews. "Elegant Amazons: Victorian Riding Habits and the Fashionable Horsewoman", *Victorian Literature and Culture* (Cambridge: Cambridge Univ. Pr., 2002), pp. 181-182.
(5) Watson, J. N. P. *Horse and Carriage* (London: The Sportsman's Press, 1990), p. 34. Bellamy, Joyce. *Hyde Park for Horsemanship* (London: J. A. Allen, 1975), p. 44.
(6) たとえば，以下のコミックソングはすべて1860年代後半かから1870年代前半に書かれたものである．Millais, F. J. H. "The Galloping Snob of Rotten Row" (London: 1873). Brown, F. H. "The Snob Rotten Row Galop" (London: 1874). Bela, K. "Rotten Row Galop" (London: 1874). Wittenberg, J. "Rotten Row Galop for the Pianoforte" (London: 1868).
(7) Watson, J. N. P. op. cit. p. 41.
(8) David, A. M. (2002) op. cit., 190.
(9) *Cassell's Books of the Household*, special edition. (London: 1890), p. 46.
(10) 鉄道の発達と馬の使用の関係に関しては以下参照．Grimshaw, A. op. cit., p. xvi. Watson, J. N. P. op. cit., p. 31. Weightman, Gavin and Humphries, Steve. *The Making of Modern London* (London: Sidgwick and Jackson, 1984), pp. 98-100.
(11) "Answers", *The Queen* (19 Mar. 1881), n. p.
(12) *The Travellers' Journal and Hotel Gazette* (24 Jun. 1880), p. 11.
(13) *The Illustrated Sporting and Dramatic News* (19 Dec. 1896), p. 631.
(14) "Women on Horseback", *The Woman's World* II (1889), pp. 227-232.
(15) Eliot, George. *Daniel Deronda* (1876), Chap. 7. ジョージ・エリオット，淀川郁子訳『ダニエル・デロンダ』(松籟社，1993年)，p. 104.
(16) James, Henry. *A Passionate Pilgrim* (1875), Chap. 1. *Lady Barberina* (1884), Chap. 1.
(17) Fashion Museum, Bath 蔵 Museum No. 1. 21. 3.
(18) Fashion Museum, Bath 蔵 Museum No. 1. 21. 5.
(19) Cunnington, Phillis and Mansfield, Alan. *English Costume for Sports and Outdoor Recreation* (London: Adam & Charles Black, 1969), pp. 119-120.
(20) Ibid., p. 121. この他，乗馬服の改良については以下参照．Foster, Irene.

"The Development of Riding Costume C. 1880–1920", *Costume* Vol. 3 (1969), pp. 55–60.

(21) Albrecht, Juliana. Farrell-Beck, Jane and Winakor, Geitel. "Function, Fashion, and Convention in American Women's Riding Costume, 1880–1930", *Dress* Vol. 14 (1988), pp. 61–62.

(22) "Mr. Montague Smyth, 22–24, Monmouth-Road, Westbourne-Terrace, W", *The Queen* (10 Feb. 1917), p. 200.

(23) McCrone, Kathleen E. *Sport and the Physical Emancipation of English Women, 1870–1914* (London: Routledge, 1988), p. 241.

(24) Henderson, R. op. cit., pp. 27, 28–29.

(25) Hayes, Alice M. *The Horsewoman* (London; Hurst and Blackett, 1903), p. 94.

(26) "Why Girls should Ride and How", *The Girl's Own Paper* (7 May 1907), pp. 356–357.

(27) Crane, Diana. "Clothing Behavior as Non-Verbal Resistance: Marginal Women and Alternative Dress in the Nineteenth Century", *Fashion Theory* Vol. 3 No. 2 (1999), p. 257. Arnold, Janet. "Dashing Amazons: the development of women's riding dress, c. 1500–1900," Haye, Amy de la and Wilson, Elizabeth eds., *Defining Dress* (Manchester: Manchester Univ. Pr., 1999), p. 16.

(28) Cunnington, P. and Mansfield, A. (1969), pp. 107–115. Mackey-Smith, Alexander. Druesedow, Jean R. and Ryder, Thomas. *Man and the Horse* (New York: MET. 1985), pp. 61–66.

(29) Arnold, J. op. cit., p. 20.

(30) Blackman, Cally. "18th century riding habits", *Country Life* Vol. 195, Part 18 (2001), p. 96.

(31) McCrone, K. E., op. cit., Chap. 8.

(32) Greville. Lady. *Ladies in the Field* (London: Ward & Downey, 1894), p. 3.

(33) Dunbar, J. Rimell. *Park Riding* (London: Saunders, Otley, & Co., 1859), pp.10–11.

(34) Kerr, W. A. *Riding for Ladies* (London: George Bell & Sons, 1891), p. 1.

(35) Greville, Lady. op. cit., p. 5.

(36) Clarke, J. S. op. cit., p, vi.

(37) Dunbar, J. R. op. cit., pp. 15–16.

(38) Ballin, A. S. op. cit., Chap. 2.

(39) Caplin, R. A. Madame. *Women in the Reign of Queen Victoria* (London: Dean & Son, 1876), pp. 48-49.
(40) Kerr, W. A. op. cit., pp. 64, 66.
(41) 米今由希子,「19 世紀後期イギリスにおける合理服協会の衣服改革」『日本家政学会誌』Vol. 59 No. 5 (2008), pp. 313-319.
(42) O'Donoghue, Power. Mrs. *Ladies on Horseback* (London: W. H. Allen & Co., 1889), pp. 44-45.
(43) Kidwell, C. B. and Steele, Valerie. *Men and Women Dressing the Part* (Washington: Smithsonian Institution Pr., 1989), p. 107.
(44) Hayes, A. M., op. cit., p 125.
(45) Mackey-Smith, A. Druesedow, J. R. and Ryder, T. op. cit., p. 66.
(46) 佐々井啓編,『ファッションの歴史――西洋服飾史』(朝倉書店, 2003年), p. 103.
(47) O'Donoghue, P. op. cit., p. 49.
(48) "Answers", *The Queen* (14 Jul. 1883), p. 54.
(49) "Advertisements", *The Queen* (5 Jan. 1884), n. p.
(50) "Round the Shops", *The Ladies Gazette of Fashion* Vol. 2 (1882), p. 200.
(51) Ibid., p. 99.
(52) Kerr, W. A. op. cit. pp. 64-66.
(53) Staffe, Baroness. *The Lady's Dressing-Room* (London: Old House Books, 1892), p. 381.
(54) "Advertisements", *The Queen* (9 Jul. 1887), n. p.
(55) "Advertisements", *The Ladies' Gazette of Fashion* Vol. 2 (1880), n. p.
(56) "Society and Fashion", *The Ladies' Gazette of Fashion* Vol. 1 (1886), p. 118.
(57) Walker Art Gallery, Liverpool 蔵 Museum No. 57. 211. 19
(58) Taine, H. op. cit., p. 68.
(59) McCrone, K. E. op. cit., p. 221.
(60) Chadwick, Whitney. "The fine art of gentling: horses, women and Rosa Bonheur in Victorian England", Adler, Kathleen and Pointon, Marcia eds., *The Body Imaged: The human form and visual culture since the Renaissance* (Cambridge: Cambridge Univ. Pr., 1993), pp. 89-101.
(61) Henderson, R. op. cit., p. 2.
(62) Ibid., p. 91.
(63) Blackman, C. op. cit., pp. 96-99.
(64) "Answers", *The Queen* (3 Sept. 1881), n. p.

(65) "Answers", *The Queen* (19 May, 1883), n. p.
(66) Hayes, A. op. cit., p. 92.
(67) Ibid., pp. 92–93.
(68) Ibid., p. 110.
(69) Goodrum, Alison. *The National Fabric: Fashion, Britishness, Globalization* (Oxford and New York: BERG, 2005), p. 94.

第四章
(1) Reay, Barry. *Watching Hannah* (London: Reaktion, 2002), pp. 13–36.
(2) Forty, Adrian. *Objects of Desire: Desire and Society 1750–1980* (London: Thomas Hudson Ltd., 1986), p. 80.
(3) Stanley, Liz ed. *The Diaries of Hannah Cullwick* (London: Virago, 1984), n. p.
(4) Ibid. vii.
(5) Ibid. 40.
(6) ハンナの日記からペリーが算定したところでは，彼女がマンビーと結婚するまでにした仕事は次の通り．パートタイムの手伝い，パブの使用人，ナーサリー・メイド，下級ハウス・メイド，台所下働き，キッチン・メイド，雑役婦，宿屋の雑役婦，料理番，清掃員，洗濯婦．この中で，唯一の上級使用人は料理番だが，ハンナは数ヶ月で解雇された Perry, Ronald Denn. *History of Domestic Servants in London, 1850–1900.* Ph. D. dissertation (1975), pp. 176–77, 180.
(7) Stanley, L. op. cit., p. 43.
(8) ペリーが参照した当時の資料は以下の通り．Webster, Thomas. *An Encyclopedia of Domestic Economy* (London: Longman, Brown, Gree, and Longmans, 1844), p. 328. Booth, Charles. *Life and Labour of the People of London,* VIII (London: Macmillan, 1896), p. 223. Beeton, Isabella. Mrs. *The Book of Household Management* (London: Ward, Lock, and Co., 1888), p. 7.
(9) Perry, R. D. op. cit. p. 248.
(10) Stanley, L. op. cit. pp. 45–46.
(11) Ibid. p. 172.
(12) Davidoff, Leonore and Hall, Catherine. *Family Fortunes* (London: Chicago UP, 1974), pp. 405–429.
(13) Forty, A . op. cit. p. 80.
(14) Baker, Charles E. *The Law of Master and Servant* (London: F. Warne and Co., 1881), pp. 7, 9.

(15)　"Old and New Servants", *All the Year Round* XVIII (20 Jul. 1867), pp. 80-81.

(16)　詳細は以下参照．Valverde, Mariana. "The Love of Finery: Fashion and the Fallen Woman in Nineteenth-century Social Discourse", *The Victorian Studies* Winter, 32 (1989), pp. 168-188.

(17)　Anon. *Why Do the Servants of the Nineteenth Century Dress as they do?* (Brighton: William Simpson and Co., 1859), p. xi.

(18)　Anon. *A Common Sense for Housemaids* (London: J. Hatchard and Son, 1850), p. 91.

(19)　Surtees, R. S. *Ask Mama* (London: Bradbury and Evans, 1858), p. 41.

(20)　Anon. *A Common Sense for Housemaids*, op. cit. 90-91.

(21)　Dawes, Frank Victor. *Not in Front of the Servants* (London: Century, 1973), p. 43.

(22)　久我真樹，『英国メイドの世界』（講談社，2010年），p. 599.

(23)　Forty, A. op. cit. p. 82. 衣服に関しては，以下も参照．Cunnington, Phillis. *Costume of Household Servants from the Middle Ages to 1900* (London: Adam and Charles Black, 1974), Chap. 5. Cunnington, Phillis and Lucas, Catherine. *Occupational Costume in England* (London: Adam and Charles Black, 1967), Chap. 7.

(24)　Alice Belsham and Louisa Hyamの写真（1889年撮影）個人蔵

(25)　Anon. *A Common Sense for Housemaids,* op. cit. pp. 90-91.

(26)　Lewis. Mrs. *Domestic Service in the Present Day* (London: Hatchards, 1889), p. 56.

(27)　Anon. *The Servants Practical Guide: A Handbook of Duties and Rules* (London: Frederick Warne and Col, 1880), p. 177.

(28)　Walker Art Gallery, Liverpool蔵　Museum No. 1967. 187. 411

(29)　Walker Art Gallery, Liverpool蔵　Museum No. 1867. 187. 412

(30)　Parker, Rozsika. *The Subversive Stitch* (New York: Routledge, 1984), p. 174.

(31)　ティン夫人の衣服に関しては以下参照．Rushton, Pauline. *Mrs. Tinne's Wardrobe: A Liverpool Lady's Clothes 1900-1940* (Liverpool: Bluecoat Pr., 2006).

(32)　Ibid., pp. 90-97.

(33)　Ibid., pp. 17-25.

(34)　Jarvis, Anthea. *Liverpool Fashion* (Liverpool: Merseyside County Museums, 1981), p. 35.

(35)　ジャーヴィスによると，20 世紀初頭には，リバプールでは安価な既製品を扱う店が増え，家事使用人や若い女性労働者のためにコットンのドレス，スカートその他を取り揃えた洋品店が「一流ではない」中心部のデパートや，郊外の店で売られるようになったというから，バイロム・ストリートもこの変化に対応していると見られる．Ibid., p. 9.
(36)　Liverpool Record Office 蔵　Ref No 352 ENG/2/229
(37)　Liverpool Record Office 蔵　Ref No 352 ENG/2/6258
(38)　ペリーは以下の辞典を参照に割り出した．Webster, T. op. cit. p. 328.
(39)　マーロー，シルヴィア．徳岡孝夫訳，『イギリスのある女中の生涯』（草思社，1994 年）, pp. 110-112.
(40)　Rennie, Jean. *Every Other Sunday*（Kent: Hodder and Stoughton, 1977）, p. 80.
(41)　Thompson, Flora. *Lark Rise to Candleford*（London: Penguin Books, 1973）, p. 155.
(42)　Huggett, Frank E. *Life Below Stairs*（London: John Murray, 1977）, p. 40.
(43)　Webb, R. K. *The British Working Class Reader 1790-1848*（London: George Allan & Unwin Ltd., 1955）, p. 22.
(44)　Baker, C. E. op. cit., pp. 9-10.
(45)　Tosh, John. *A Man's Place*（New Haven and London: Yale UP, 2007）, pp. 27-30.
(46)　Rennie, J. op. cit. p. 86.
(47)　Stanley, L. op. cit. p. 79.
(48)　坂井妙子，「ワーキング・クラス女性の個性」松岡光治編『ギャスケルで読むヴィクトリア朝前半の社会と文化』（渓水社，2010 年）, pp. 227-233.
(49)　Stanley, L. op. cit. p. 85.
(50)　Perry, R. D. op. cit. p. 170.
(51)　Stanley, L. op. cit. p. 57.
(52)　Ibid. p. 59.
(53)　Ibid. pp. 166-67.
(54)　Ibid. p. 112.
(55)　Ibid. pp. 55-56.
(56)　Ibid. p. 181.
(57)　Ibid. p. 266.
(58)　Ibid.
(59)　Ibid.

(60) Ibid. p. 250.
(61) Ibid. pp. 120, 194–95.
(62) Ibid. p. 123.
(63) Ibid. p. 159.

第五章

(1) ホロックス社の経営，および事業内容に関しては以下参照．Burscough, M. op. cit. Pedrick, Gale. *The Story of Horrockses, founded 1791* (Nottingham: Thomas Foreman and Sons., 1950).
(2) Boydell, Christine. *Horrockses Fashions: Off-the-Peg Style in the '40s and '50s* (London: V&A Publishing, 2010), pp. 19–21.
(3) Ibid., p. 62.
(4) Ibid., Chap. 2
(5) Harden, Rosemary and Turney, Jo. *Floral Frocks* (Suffolk: Antique Collectors' Club, 2007), p. 73.
(6) Boydell, C. op. cit., p. 159.
(7) Ibid, pp. 159–171.
(8) Ibid, pp. 133–135.
(9) Ibid. p. 157.
(10) Haye, Amy de la ed. *The Cutting Edge: 50 years of British Fashion* (Woodstock and New York: The Overlook Pr. 1997), p. 26.
(11) 綿糸の機械生産の開発については，以下参照．Encyclopedia Britannica. 竹内均，『一世を風靡した実業家たち』(ニュートンプレス，2013年), pp. 28–37. Ashelford, Jane. *The Art of Dress: Clothes and Society 1500–1914* (London: The National Trust, 1996), p. 169.
(12) Ashelford, J. op. cit., pp. 169–172.
(13) Johnston, Lucy. *Nineteenth-century Fashion in Detail* (London: V&A Publishing, 2007), p. 192.
(14) 詳細は以下，参照．坂井妙子「水色のコットンドレス――スモックメーカーの1834年製のウエディングドレス」『国際服飾学会誌』1997年14号 pp. 54–66.
(15) Johnston, L. op. cit., p. 104.
(16) Ibid., p. 104. Museum Number T. 75–1947
(17) Harris Museum and Art Gallery, Preston 蔵 Museum No. co 128
(18) Harris Museum and Art Gallery, Preston 蔵 Museum No. tc801
(19) Lewis, Mrs. op. cit., p. 56.

(20)　Rennie, J. op. cit., p. 80.
(21)　Ibid., pp. 79-80.
(22)　Harden, R. and Turney, J. op. cit., p. 17.
(23)　Haye, A. d. l. ed. op. cit., p. 26.
(24)　ランボーンによると，絵画「ドリー・ヴァーデン」はその人気から，少なくとも6枚作成された．図はヴィクトリア・アンド・アルバート美術館所蔵の1842年製のものである．Lambourne, Lionel. *'Victorian' Genre Painting* (London: Victoria and Albert Museum, 1982), p. 39.
(25)　作品の来歴，人気に関しては以下参照．Frith. W. P. Wallis, Nevile ed. *A Victorian Canvas* (London: Geoffrey Bles, 1957), pp. 56-58. Trotter, David. "Dickens and Frith", Bills, Mark and Knight, Vivien eds. *William Powell Frith* (New Haven and London: Yale Univ. Pr., 2006), pp, 29-40. "The Charles Dickens Sale", *The Queen* (16 Jul. 1870), p. 44. "Dolly Varden at her Looking Glass", *The Queen* (16 Dec. 1871), p. 384.
(26)　Ashelford, J. op. cit., p. 141.
(27)　Cunnington, C. Willett. *English Women's Clothing in the Nineteenth Century* (London: Dover Publications, 1990), p. 262.
(28)　この点に関しては，『19世紀イギリスの衣服ハンドブック』(1970年)を著した服飾史家，カニングトンらも次のように説明している．「実際，ポロネーズ型だが，その基本的な特徴は素材で，チンツやクレトンヌ製であり，アンダー・スカートは明るいシルクかコットンである．」Cunnington, C. Willett and Cunnington, Phillis. *Handbook of English Costume in the Nineteenth Century* (London: Faber and Faber, 1970), p. 493.
(29)　"Spinnings in Town", *The EDM* (Jun. 1871), p. 362.
(30)　"Spinnings in Town", *The EDM* (Jul. 1872), p. 47.
(31)　"Spinnings in Town", *The EDM* (Aug. 1871), p. 107.
(32)　Hunt, G, W, 'Dolly Varden', *Hunt's Popular Song* (London: Weippert & Co., 1871).
(33)　Rice, Thomas Jackson. *Barnaby Rudge: An Annotated Bibliography* (New York and London: 1987), p. 40.
(34)　Johnston, L. op. cit., p. 104.
(35)　"Costume of Dolly Varden Chintzes", *The Queen* (18 May 1872), p. 438.
(36)　Dickens, Charles. *Barnaby Rudge* (1841), Chap. 19.
(37)　フリスはおそらく，ディケンズの作品に最初にイラストをつけたフィズの作品も参照しただろう．フィズはドリーにポロネーズを着せているが，生

地の詳細は不明.

(38) Ehrman, Edwina. "Frith and Fashion" in Bills, M. and Knight, V. eds., (2006), pp. 115–116.

(39) Ribeiro, Aileen. *Clothing Art: The Visual Culture of Fashion, 1600–1914* (New Haven and London: Yale Univ. Pr., 2017), pp. 459–461.

(40) Anderson, Janice and Swinglehurst, Edmund. *The Victorian and Edwardian Seaside* (London: Country Life Books, 1978), p. 91–92.

(41) Avril, Lansdell. *Seaside Fashions 1860–1939* (Haverfordwest: Shire Publications Ltd., 1990), p. 25.

(42) Moore, G. W. 'Dress'd in a Dolly Varden', *G. W. Moore's Great Song* (London: Hopwood & Grew, 1870).

(43) "Scarborough in the Season", *The Illustrated London News* (14 Oct. 1871).

(44) Hannavy, John. *The English Seaside in Victorian and Edwardian Times* (Buckinghamshire: Shire Publications Ltd., 2003), p. 104.

(45) Harris Museum and Art Gallery, Preston 蔵 Museum No. co104

(46) フィリップ・サイカスが収集したサンプルブックには，イングランド北東部にあったボーカー・バンク社が1870年代半ばに生産した生地が収められているが，合成染料を使用したブロック・プリント地の中に，よく似たコットン地を見いだせる．Sykas, P. op. cit., p. 141.

(47) Bull, Thomas. *A Voice from the bench* (Manchester: John Ainsworth, 1853), p. 8. Sykas, P. op. cit., p. 55 より引用.

(48) "Advertisements", *The Queen* (25 Jul. 1874), n. p.

(49) "Spinnings in Town", *The EDM* (Oct. 1871), p. 238.

(50) "Fashionable Summer Toilette", *The Queen* (15 Jun. 1872), p. 440.

(51) *The Ladies' Treasury* (1 Sept. 1871). Foster, Vanda. 'The Dolly Varden' in *The Dickensian* (Jan. 1977), p. 23 より引用.

第六章

(1) Wahl, Kimberly. *Dressed as in a Painting* (Durham: Univ. of New Hampshire Pr., 2013), p. xxvi.

(2) Wilson, Elizabeth and Taylor, Lou. *Through the Looking Glass* (London: BBC Books, 1989), p. 31. ラファエル前派のスタイルに関しては以下も参照. Ribeiro, A. (2017), op. cit., pp. 417–424.

(3) Vincent, S. J. op. cit., p. 47. Ashelford, J. op. cit., pp. 229, 231. Wilson, E. and Taylor, L. op. cit., pp. 30–31.

注

(4) Watts, Mary. 1912: 1, 122. Addison, Rhian and Underwood, Hilary. *Liberating Fashion: Aesthetic Dress in Victorian Portraits* (Surrey: Watts Gallery, 2015), p. 22 より引用

(5) Ibid.

(6) カシミア・ショールに関しては，以下参照．Mackrell, Alice. *Shawls, Stoles and Scarves* (London: B. T. Batsford, 1986).

(7) Addison, R. and Underwood, H. op. cit., p. 24.

(8) Ibid., p. 22.

(9) Wahl, K. op. cit., p. xi.

(10) Swain, Margaret. "Mrs Newbery's Dress", *Costume* No. 12 (1978), p. 66.

(11) Wahl, K. ibid., p. 60. Addison, R. and Underwood, H. op. cit., p. 22.

(12) *Liberty's 1875-1975* (London: V&A, 1975), p. 6.

(13) Ibid., p. 11.

(14) アドバーガム，アリソン．『ドキュメント リバティー百貨店』(パルコ出版，1978 年), p. 46.

(15) "Answers", *The Queen* (19 Mar. 1881), p. 273.

(16) *Liberty's 1875-1975*, op. cit., p. 11.

(17) "Flittings", *The EDM* (Apr. 1879), pp. 202-203.

(18) 前掲　アドバーガム，p. 30.

(19) 同上 pp. 15-16.

(20) "Answers", *The Queen* (19 Mar. 1881), p. 273.

(21) スウェインによると，ローワットはリバティのシルクやヴェルヴェットが気に入り，何度か購入している．Swain, M. op. cit., pp. 68, 71.

(22) "Advertisements", *The Queen* (Jul. 1, 1882), n. p.

(23) Wahl, K. op. cit., p. xi.

(24) *Liberty's 1875-1975*, op. cit., p. 11. Lambourne, Lionel. *The Aesthetic Movement* (London: Phaidon, 1996), pp. 124-125. Breward, Chrisopher. "Aestheticism in the Marketplace: Fashion, Lifesytle and Popular Taste", Calloway, Stephen and Orr, Lynn Federle eds. *The Cult of Beauty: The Aesthetic Movement 1860-1900* (London: V&A Publishing, 2011), p. 198.

(25) "Advertisements", *The Queen* (24 Sept. 1887), n. p.

(26) "Dress at the Grovesnor Gallery", *The Queen* (6 May 1882), p. 390.

(27) "Colour in Dress", *Magazine of Art* 5 (London: 1882), pp. 158-160.

(28) ワイルドの女性服に関する考え方は，以下参照．Wilde, Oscar. *Art and Decoration* (London: Methuen & Co., 1920), pp. 63-64, 66.

(29) Wilson, E. and Taylor, L. op. cit., pp. 52-58.
(30) Rational Dress Association. *The Exhibition of the Rational Dress Association, Catalogue of Exhibits and List of Exhibitors* (London: Rational Dress Association, 1883), p. 5.
(31) "The Hygienic Exhibition", *The Queen* (2 Jun.1883), p. 498.
(32) "Advertisements", *The Queen* (15 Mar.1884), n. p.
(33) "Artistic Dresses for Ladies and Children", *The Queen* (20 Feb. 1886), p. 193.
(34) 前掲　大沼, p. 483.
(35) Stern, Radu. *Against Fashion: Clothing as Art, 1850-1930* (Cambridge, Massachusetts: MIT Pr., 2004), p. 6-7.
彼の考えは1884年に開催された国際健康博覧会に関する著書,『ドレスと,健康と気候の関係, 国際健康博覧会のハンドブック』(1884年) によく現れている. 冒頭, 人体を覆い装飾する服は,「美しく健康的であること」が重要だと述べている. Godwin, E. W. "Dress and Its Relation to Health and Climate", *Handbook for the International Health Exhibition* (London: William Clowes & Sons., 1884), p. 1.
(36) "Messrs Liberty and Co.'s Artistic and Historic Costume Studios", *The Queen* (10 May 1884), p. 529.
(37) Rational Dress Association, op. cit., p. 5.
(38) Breward, C. (1995), op. cit., pp. 153-154.
(39) *History of Feminine Costume* (London: Liberty & Co., Ltd., 1896), p. 37.
(40) "No. 7 Dress in Turkish Embroidery", *The Queen* (30 May 1887), p. 666.
(41) 前掲　アドバーガム (1978), p. 69.
(42) "Answers", *The Queen* (27 Mar. 1880), p. 275. (12 Feb. 1881), p. 159.
(43) "Answers", *The Queen* (7 Feb. 1880), p. 128.
(44) "London Fashions", *The Queen* (25 Nov. 1882), p. 489.
(45) "Shopping in London", *The Woman's World* II (1889), p. 4.
(46) *History of Feminine Costume*, op. cit., p. 32.
(47) Breward, C. (2011) op. cit., p. 199.
(48) Addison, R. and Underwood, H. op. cit., p. 31.
(49) Wahl, K. op. cit., p. 109.
(50) *Liberty's 1875-1975*, op. cit., p. 12.
(51) 前掲　アドバーガム, p. 77.
(52) Victoria and Albert Museum, London 蔵 Museum No. T. 273-1972

注

(53)　https://www.londonremembers.com/subjects/urban-hanlon-broughton

(54)　Victoria and Albert Museum, London 蔵 Museum No. T. 277&A-1972, T. 276. A-F-1972, T. 274 to B-1972, T. 266 & A-1972.

(55)　Walker Art Gallery, Liverpool 蔵 資料番号未整理.

(56)　Rushton, P. op. cit., p. 17.

(57)　Ibid., pp. 19-20.

(58)　自己表現としてのエステティック・ドレスに関しては，以下参照．Stern, R. op. cit., pp. 5-10. Breward, C. (2011). op. cit., pp. 194-205.

(59)　Drane, Henry J. *The Art of Being Beautiful* (London: Salisbury House, 1902), p. 33.

(60)　Haweis, M. op. cit., pp. 274-275. ダグラスは，以下のようにも提案している．

　リバティー氏［が言うところの］の三流の顔色，つまり，「栗の木色の髪，ハシバミ色の目と青白い肌の女性」は，「オリーブ・グリーン，パープル，薄い黄色，明るい青，または暗い青，黒，古金色，焦げたクリーム色，クリーム，その他はっきりしない薄い色調を選ぶべきです．

Douglas, Fanny. Mrs. *The Gentlewoman's Book of Dress* (London: Henry and Co., 1894), pp. 31-32.

(61)　Browning, H. *Beauty Culture* (London: Hutchinson & Co., 1898), p. 27.

(62)　Ibid., p. 31.

(63)　Victoria and Albert Museum, London 蔵 Museum Nos. T. 257-1981, T. 202-1962

(64)　Addison, R. and Underwood, H. op. cit., p. 34.

(65)　*Form and Colour*, illustrated by Liberty and Co. (London: 1890), p. 6.

(66)　Fortunato, Paul L. *Modernist Aesthetics and Consumer Culture in the Writings of Oscar Wilde* (London and New Haven: Routledge, 2008), Chap. 3.

(67)　Ehrman, Edwina. 'Women's Dress', Calloway, S. and Orr, L. F. eds. (2011), p. 206.

(68)　*Sericulture-or Ancient and Modern Silken Fabrics and the British Silk Renaissance* (London: Liberty and Co., 1891), p. 40.

(69)　Ibid., n. p.

(70)　Ibid., pp. 42-43.

おわりに

(1)　ヴィガレッロ，ジョージ．『清潔になる〈私〉』(同文社，1985年), pp.

182, 302.

(2) Greville. Lady. op. cit., p. 3.

(3) グッドマン，ルース．小林由果訳『ヴィクトリア朝英国人の日常生活』上（原書房，2017 年），pp. 23-24.

(4) Ehrman, E. ed. (2018), op. cit., pp. 75-77.

(5) たとえば，*The Girl's Realm*（1912）年号には，'Redfern's Navy Rubber Heels' と名付けられたゴムの広告がイラスト入りで掲載されている．靴底の一部にゴムを埋め込む形式の滑り止めである．同社はマッキントッシュのお膝元，マンチェスターにあった．

(6) Foulkes, Nick. *The Trench Book* (New York: Assouline, 2007), p. 56.

(7) "A Certain Je ne sais quoi: What makes the French so Eternally Chic?", *British Vogue* (Oct. 2018), pp. 288-292.

参考文献

第一次資料

Allen, Grant. *The Colour Sense*. London: Kegan Paul, Trench, Trubner, & Co., 1892.

Anon. *A Common Sense for Housemaids*. London: J. Hatchard and Son, 1850.

Anon. *The Habits of Good Society*. London: James Hoggs & Sons, 1859.

Anon. *How to Dress on £15 a Year*. London: Frederick Warne, 1873.

Anon. *The Servants Practical Guide: A Handbook of Duties and Rules*. London: Frederick Warne and Col, 1880.

Anon. *Why Do the Servants of the Nineteenth Century Dress as they do?* Brighton: William Simpson and Co., 1859.

Anon (a lady). *Beauty, What It Is and How to Retain It*. London: Frederick Warne & Co., 1873. rept.

An Old Stager. *Hints to Railway Travellers, and Country Visitors to London*. London: Bradbury & Evans, 1852.

Bain, Alexander. *The Emotions and the Will*. Washington D. C: Univ. Publications of America, 1859.

Baker, Charles E. *The Law of Master and Servant*. London: F. Warne and Co., 1881.

Ballin, Ada S. *The Science of Dress in Theory and Practice*. 1885.

Beeton, Isabella. Mrs. *Beeton's Book of Household Management*. London: Ward, Lock, and Co., 1861, 1888.

Bela, K. "Rotten Row Galop". London, 1874.

Booth, Charles. *Life and Labour of the People of London*, VIII. London: Macmillan, 1896.

Brown, F. H. "The Snob Rotten Row Galop". London, 1874.

Browning, H. *Beauty Culture*. London: Hutchinson & Co., 1898.

Bull, Thomas. *A Voice from the bench*. Manchester: John Ainsworth, 1853.

Caplin, R. A. Madame. *Women in the Reign of Queen Victoria*. London: Dean & Son, 1876.

Cassell's Books of the Household. special edition. London: 1890.

Chevreul, Michel Eugéne. *De la loi du contraste simultané des couleurs et de*

l'assortiment des objects colorés (1839). E. M. シェブルール，佐藤邦夫訳，『シェブルール色彩の調和と配色のすべて』（青娥書房，2009 年）.

Clarke, J. S. Mrs. *The Habit and the Horse*. London: Smith Elder, 1857.

Clothes and the Man. London: Grant Richerds, 1900.

Cooley, Arnold J. *The Toilet and Cosmetic Arts in Ancient and Modern Times*. London: Robert Hardwicke, 1877.

Dickens, Charles. *Barnaby Rudge*. 1841.

Douglas, Fanny. Mrs. *The Gentlewoman's Book of Dress*. London: Henry and Co., 1894.

Doyle, A. Conan. *A Study in Scarlet* (1887). ドイル，コナン．延原謙訳，『緋色の研究』（新潮文庫，2013 年）.

――*The Hound of the Baskervilles* (1901-2). ドイル，コナン．延原謙訳，『バスカヴィル家の犬』（新潮文庫，2014 年）.

Drane, Henry J. *The Art of Being Beautiful*. London: Salisbury House, 1902.

Dunbar, J. Rimell. *Park Riding*. London: Saunders, Otley, & Co., 1859.

Eliot, George. *Daniel Deronda*. 1876. ジョージ・エリオット作，淀川郁子訳『ダニエル・デロンダ』（松籟社，1993 年）.

Form and Colour, illustrated by Liberty and Co. London: 1890.

The Freaks of Fashion. London: Ward, Lock, and Tyler, 1871.

Frith. W. P. Wallis, Nevile ed. *A Victorian Canvas*. London: Geoffrey Bles, 1957.

The Gentleman's Art of Dressing, with Economy. London: Frederic Warne and Co., 1876.

Godwin, E. W. "Dress and Its Relation to Health and Climate", *Handbook for the International Health Exhibition*. London: William Clowes & Sons., 1884.

Greville. Lady. *Ladies in the Field*. London: Ward & Downey, 1894.

Haight, Canniff. *Here and There in the Home Land*. 1895.

Hayes, Alice M. *The Horsewoman*. London: Hurst and Blackett, 1903.

Haweis, Mary. *The Art of Beauty*. New York: Harper & Brothers, 1878.

Henderson, Robert. *The Barb and the Bridle: A Handbook of equitation for ladies*. London: The 'Queen' Office, 1874.

History of Feminine Costume. London: Liberty & Co., Ltd., 1896.

Hosking's Guide to the Manchester Trade. Manchester: Albert W. Hosking, Jul. 1877.

Hunt, G, W, 'Dolly Varden', *Hunt's Popular Song*. London: Weippert & Co.,

1871.

James, Henry. *A Passionate Pilgrim*. 1875.

——*Lady Barberina*. 1884.

Kerr, W. A. *Riding for Ladies*. London: George Bell & Sons, 1891.

Lewis. Mrs. *Domestic Service in the Present Day*. London: Hatchards, 1889.

Marabari, B. *The Indian Eye on English Life, or, Rambles of a Pilgrim Reformer*. London: Archibald Constable & Co., 1893.

Marlow, Sylvia. *Winifred: Her Childhood and Early Working Life* (Country Bookshelf, 1993). マーロー，シルヴィア．徳岡孝夫訳，『イギリスのある女中の生涯』(草思社，1994年).

Millais, F. J. H. "The Galloping Snob of Rotten Row". London: 1873.

Moore, G. W. 'Dress'd in a Dolly Varden', *G. W. Moore's Great Song*. London: Hopwood & Grew, 1870.

Murray, John. *Murray's Handbook for Modern London*. London: John Murray, 1851.

Nevill, Dorothy. *Under Five Reigns*. London: Methuen & Co., 1910.

O'Donoghue, Power. Mrs. *Ladies on Horseback*. London: W. H. Allen & Co., 1889.

Pritchard, Eric. Mrs. *The Cult of Chiffon*. London: Grant Richards, 1902.

Rational Dress Association. *The Exhibition of the Rational Dress Association, Catalogue of Exhibits and List of Exhibitors*. London: Rational Dress Association, 1883.

Rennie, Jean. *Every Other Sunday*. Kent: Hodder and Stoughton, 1977.

Sericulture-or Ancient and Modern Silken Fabrics and the British Silk Renaissance. London: Liberty and Co., 1891.

Smith, G. *A Trip to England*. New York: Macmillan, 1892.

Staffe, Baroness. *The Lady's Dressing-Room*. London: Old House Books, 1892.

Stanley, Liz ed. *The Diaries of Hannah Cullwick*. London: Virago, 1984.

Strachey, C. ed. *The Letters of Lord Chesterfield to his son*. 2 vols. London: Methuen, 1901.

Surtees, R. S. *Ask Mama*. London: Bradbury and Evans, 1858.

Sylvia. *How to Dress Well on a Shilling a Day; A Ladies' Guide to Home Dressmaking and Millinery*. London: Ward, Lock, 1876.

Taine, Hippolyte. *Notes on England*. London: W. Lesbister & Co., 1874.

T., C. *How to Dress: A Manual of the Toilet for the Use of Both Sexes*. London: George Routledge & Sons, 1868.

Thompson, Flora. *Lark Rise to Candleford*. London: Penguin Books, 1973.
Walker, A. Mrs. *Female Beauty*. New York: Scofield and Voorhies, 1840.
Webster, Thomas. *An Encyclopedia of Domestic Economy*. London: Longman, Brown, Gree, and Longmans, 1844.
Wells, H. G. *Kipps, the Story of a Simple Soul*. 1905.
Wilde, Oscar. *Art and Decoration*. London: Methuen & Co., 1920.
Wittenberg, J. "Rotten Row Galop for the Pianoforte". London: 1868.

雑誌（記名，無記名の順）

Doyle, A. Conan. "A Scandal in Bohemia", *The Strand Magazine* (Jul. 1891).
——"The Red-Headed League", *The Strand Magazine* (Aug. 1891).
——"The Boscombe Valley Mystery", *The Strand Magazine* (Oct. 1891).
——"The Five Orange Pips", *The Strand Magazine* (Nov. 1891).
——"The Adventure of the Speckled Band", *The Strand Magazine* (Feb. 1892) 上記５点，ドイル，コナン．延原譲訳，『シャーロック・ホームズの冒険』（新潮文庫，2012 年）収録.
——"Silver Blaze", *The Strand Magazine* (Dec. 1892).
——"The Musgrave Ritual", *The Strand Magazine* (May 1893).
——"The Greek Interpreter", *The Strand Magazine* (Sept. 1893).
——"The Naval Treaty", *The Strand Magazine* (Oct. Nov. 1893). 上記４点，ドイル，コナン．延原譲訳，『シャーロック・ホームズの思い出』（新潮文庫，2013 年）収録.
——"The Adventure of the Golden Pince-Nez", *The Strand Magazine* (Jul. 1904) ドイル，コナン．延原譲訳，『シャーロック・ホームズの帰還』（新潮文庫，2014 年）.
——"The Adventure of the Bruce-Partington Plans", *The Strand Magazine* (Dec. 1908).
——"The Adventure of the Devil's Foot", *The Strand Magazine* (Dec. 1910) 上記２点，ドイル，コナン．延原譲訳，『シャーロック・ホームズ最後の挨拶』（新潮文庫，2014 年）収録.
Merrifield, Mary Philadelphia. "The Harmony of Colours," *The Crystal Palace Exhibition Illustrated Catalogue* (London: 1851), I~IX.
Reeve, Christine G. J. "Dress and Economy", *Longman's Magazine* (12 Jul. 1881), pp. 288–295.
All the Year Round XVIII (20 Jul. 1867).
British Vogue (Oct. 2018).

The Englishwoman's Domestic Magazine (1852), (Oct. 1863), (Jan. 1867), (Sept. 1868), (Feb., May, Jul. 1869), (Apr., Nov. 1870), (Feb., Jun., Aug., Oct. 1871), (Jul. 1872), (Sept. 1878), (Mar., Apr. 1879).

The Girl's Own Paper (7 May 1907).

The Girl's Realm (1912).

The Gentleman's Tailor Fashion (London, 1927-28).

The Illustrated London News (14 Oct. 1871).

The Illustrated Sporting and Dramatic News (19 Dec. 1896).

The Ladies' Cabinet of Fashion (1863).

The Ladies Gazette of Fashion Vol. 2 (1880), Vol. 2 (1882), Vol. 1 (1886).

The Ladies' Treasury (1 Sept. 1871).

Magazine of Art 5 (London: 1882).

Minister's Report of Fashion (Feb. 1911) (Feb., Aug. 1918).

The Queen (16 Jul. 1870), (16 Dec. 1871), (18 May, 15 Jun. 1872), (25 Jul. 1874), (7 Feb., 27 Mar. 1880), (12 Feb., 19 Mar., 3 Sept. 1881), (6 May, 25 Nov. 1882), (19 May, 2 Jun., 14 Jul. 1883), (5 Jan., 15 Mar., 29 Mar., 10 May, 1884), (20 Feb. 1886), (30 May, 9 Jul., 24 Sept. 1887), (10 Feb. 1917).

The Sphere (11 Nov. 1916).

Tailor and Cutter (9 Dec. 1897).

The Travellers' Journal and Hotel Gazette (24 Jun. 1880).

The Woman's World II (1889).

第二次資料

Adburgham, Alison. *Shops and Shopping 1800-1914.* London: George Allen and Unwin Ltd., 1964.

——*Liberty's: a biography of a shop.* London: Allen and Unwin, 1975. アドバーガム，アリソン．『ドキュメント リバティー百貨店』パルコ出版，1978.

Addison, Rhian and Underwood, Hilary. *Liberating Fashion: Aesthetic Dress in Victorian Portraits.* Surrey: Watts Gallery, 2015.

Adler, Kathleen and Pointon, Marcia eds., *The Body Imaged: The human form and visual culture since the Renaissance.* Cambridge: Cambridge Univ. Pr., 1993.

Aindow, Rosy. *Dress and Identity in British Literary Culture, 1870-1914.* Surrey: Ashgate Publishing Ltd., 2009.

Anderson, Janice and Swinglehurst, Edmund. *The Victorian and Edwardian*

Seaside. London: Country Life Books, 1978.

Arnold, Janet. "Dashing Amazons: the development of women's riding dress, c. 1500-1900," Haye, Amy de la and Wilson, Elizabeth eds., (1999), pp. 10-29.

Ashelford, Jane. *The Art of Dress: Clothes and Society 1500-1914*. London: The National Trust, 1996.

Avril, Lansdell. *Seaside Fashions 1860~1939*. Haverfordwest: Shire Publications Ltd., 1990.

Barnard, Malcolm ed., *Fashion: Critical Concepts in Media and Cultural Studies*. London and New York: Rutledge, 2012.

Beetham, Margaret. *Magazines of Her Own*. London: Routledge, 2006.

Bellamy, Joyce. *Hyde Park for Horsemanship*. London: J. A. Allen, 1975.

Best, Geoffrey. *Mid-Victorian Britain 1851-1875*. London: Fontana Press, 1985.

Bills, Mark and Knight, Vivien eds. *William Powell Frith*. New Haven and London: Yale Univ. Pr., 2006.

Bolton, Andrew. *Anglomania: Tradition and Transgression in British Fashion*. New York: MET. 2006.

Boydell, Christine. *Horrockses Fashions: Off-the-Peg Style in the '40s and '50s*. London: V&A Publishing, 2010.

Breward, Christopher. *The Culture of Fashion*. Manchester and New York: MUP., 1995.

——*The Hidden Consumer: Masculinities, Fashion and City Life 1860-1914*. Manchester and New York. MUP, 1999.

——"Aestheticism in the Marketplace: Fashion, Lifesytle and Popular Taste", Calloway, Stephen and Orr, Lynn Federle eds. (2011), pp. 194-205.

Breward, Christopher. Ehrman, Edwina and Evans, Caroline. *The London Look: Fashion from street to catwalk*. New Haven and London: Yale Univ. Pr., 2004.

Bryde, Penelope. *The Male Image: Men's Fashion in Britain 1300-1970*. London. B. T. Batsford, 1979.

Burscough, Margaret. *The Horrockses Cotton Kings of Preston*. Lancaster: Cromwell Press, 2004.

Calloway, Stephen and Orr, Lynn Federle eds. *The Cult of Beauty: The Aesthetic Movement 1860-1900*. London: V&A Publishing, 2011.

Cambell, Patrick. *The Aquascutum Story*. London: 1976.

Chadwick, Whitney. "The fine art of gentling: horses, women and Rosa Bonheur in Victorian England", Adler, Kathleen and Pointon, Marcia eds. (1993), pp. 89-107.

Coat Bible 製作プロジェクト編, 『Coat Bible』, 卓球王国, 2014 年 .

Colley, Linda. *Britons: forging the nation, 1707-1837*. London: Pimlico, 1992. コリー, リンダー . 『イギリス国民の誕生』 名古屋大学出版局, 2000 年 .

Crane, Diana. "Working-class Clothing and the Experience of Social Class in the Nineteenth century", Barnard, Malcolm ed., (2012), Vol. III, pp. 38-58.

Cunnington, C. Willett. *The Perfect Lady 1815-1914*. London: Max Parrish, 1948.

——*English Women's Clothing in the Nineteenth Century*. London: Dover Publications, 1990.

Cunnington, C. Willett and Cunnington, Phillis. *Handbook of English Costume in the Nineteenth Century*. London: Faber and Faber, 1970.

Cunnington, Phillis and Lucas, Catherine. *Occupational Costume in England* London: Adam and Charles Black, 1967.

Cunnington, Phillis and Mansfield, Alan. *English Costume for Sports and Outdoor Recreation*. London: Adam & Charles Black, 1969.

Cunnington, Phillis. *Costume of Household Servants from the Middle Ages to 1900*. London: Adam and Charles Black, 1974.

David, Alison Matthews. "Aestheticism's True Colors", Schaffer, T. and Psomiades, Kathy Alexis eds. (1999), pp. 172-191.

——*Fashion Victims*. London, Oxford, New York: Bloomsbury, 2015.

Davidoff, Leonore and Hall, Catherine. *Family Fortunes*. London: Chicago UP, 1974.

Davies, Hywel. *British Fashion Designers*. ブルース・インターアクション, 2010.

Dawes, Frank Victor. *Not in Front of the Servants*. London: Century, 1973.

Ehrman, Edwina. *Fashioned from Nature*. London: V&A Publishing, 2018.

——"Frith and Fashion" in Bills, Mark and Knight, Vivien eds., (2006), pp. 113-130.

——"Women's Dress", Calloway, S. and Orr, L. F. eds. (2011), pp. 111-130.

Fido, Martin. *Sherlock*. London: Carlton Books, 2015.

Fontanel, Beatrice. *Support and Seduction: The History of Corsets and Bras*. New York: Harry M. Abrams Inc., 1997.

Fortunato, Paul L. *Modernist Aesthetics and Consumer Culture in the Writ-*

ings of Oscar Wilde. London and New Haven: Routledge, 2008.

Forty, Adrian. *Objects of Desire: Desire and Society 1750–1980*. London: Thomas Hudson Ltd., 1986.

Foulkes, Nick. *The Trench Book*. New York: Assouline, 2007.

Goodman, Ruth. *How to be a Victorian: A Dawn-to-Dusk Guide to Victorian Life*. London: Penguin Books Ltd., 2013. グッドマン，ルース，小林由果訳『ヴィクトリア朝英国人の日常生活』上，下　原書房，2017.

Goodrum, Alison. *The National Fabric: Fashion, Britishness, Globalization*. Oxford and New York: BERG, 2005.

Grimshaw, Anne. *The Horse*. London: The Library Association, 1982.

Hannavy, John. *The English Seaside in Victorian and Edwardian Times*. Buckinghamshire: Shire Publications Ltd., 2003.

Harden, Rosemary and Turney, Jo. *Floral Frocks*. Suffolk: Antique Collectors' Club, 2007.

Haye, Amy de la ed. *The Cutting Edge: 50 years of British Fashion*. Woodstock and New York: The Overlook Pr. 1997.

Haye, Amy de la and Wilson, Elizabeth eds., *Defining Dress*. Manchester: Manchester Univ. Pr., 1999.

Huggett, Frank E. *Life Below Stairs*. London: John Murray, 1977.

Jarvis, Anthea. *Liverpool Fashion*. Liverpool: Merseyside County Museums, 1981.

Johnston, Lucy. *Nineteenth-century Fashion in Detail*. London: V&A Publishing, 2007.

Kidwell, C. B. and Steele, Valerie. *Men and Women Dressing the Part*. Washington: Smithsonian Institution Pr., 1989.

小林司，東山あかね，『図説シャーロック・ホームズ』河出書房新社，2012 年.

Kortsch, Christine Bayles. *Dress Culture in Late Victorian Women's Fiction*. Surrey: Ashgate, 2009.

久我真樹，『英国メイドの世界』講談社，2010.

Kunzle, David. *Fashion and Fetishism*. Lanham, MD: Rowman and Littlefield, 1982.

Lambourne, Lionel. *'Victorian' Genre Painting*. London: V&A Publishing, 1982.

——*The Aesthetic Movement*. London: Phaidon, 1996.

Landes, Davis S. *Cambridge Economic History of Europe*. Vol. VI. 1965.

Levitt, S. *Victorians Unbuttoned*. London: George Allen and Unwin Ltd., 1986–

2.
——*Fashion in Photographs 1880-1900.* London. B. T. Batsford, 1991.
Liberty's 1875-1975. London: V&A Publishing, 1975.
Loeb, Lori Anne. *Consuming Angels: Advertising and Victorian Women.* New York and Oxford: Oxford Univ. Pr., 1994.
Mackey-Smith, Alexander. Druesedow, Jean R. and Ryder, Thomas. *Man and the Horse.* New York: MET. 1985.
Mackrell, Alice. *Shawls, Stoles and Scarves.* London: B. T. Batsford, 1986.
McCrone, Kathleen E. *Sport and the Physical Emancipation of English Women, 1870-1914.* London: Routledge, 1988.
Mitchell, B. R. and Deane, P. *Abstract of British Historical Statistics.* Cambridge: Cambridge UP., 1962.
Morgan, Marjorie. *National Identities and Travel in Victorian Britain.* Palgrave, 2001.
Newton, Stella Mary. *Health, Art and Reason: Dress Reformers of the Nineteenth Century.* London: John Murray, 1974.
大沼淳他監修,『ファッション辞典』文化出版局, 1999 年.
Parker, Rozsika. *The Subversive Stitch.* New York: Routledge, 1984.
Pearl, Sharrona. *About Faces.* Cambridge MA: Harvard UP, 2010.
Pedrick, Gale. *The Story of Horrockses, founded 1791.* Nottingham: Thomas Foreman and Sons., 1950.
Perry, Ronald Denn. *History of Domestic Servants in London, 1850-1900.* Ph. D. dissertation (1975).
Read, John. "The Life and Work of Perkin", *Perkin Centenary London: 100 Years of Synthetic Dyestuffs* (London, New York, Paris and Los Angeles: Pergamon Pr. 1958), pp. 1-31.
Reay, Barry. *Watching Hannah.* London: Reaktion, 2002.
Ribeiro, Aileen. *A Dress and Morality.* Oxford and New York: Berg, 2003.
——*Clothing Art: The Visual Culture of Fashion, 1600-1914.* New Haven and London: Yale Univ. Pr., 2017.
Rice, Thomas Jackson. *Barnaby Rudge: An Annotated Bibliography.* New York and London: 1987.
Rushton, Pauline. *Mrs. Tinne's Wardrobe: A Liverpool Lady's Clothes 1900-1940.* Liverpool: Bluecoat Pr., 2006.
坂井妙子,『レディーの赤面』勁草書房, 2013 年.
——「ワーキング・クラス女性の個性」松岡光治編『ギャスケルで読むヴィク

トリア朝前半の社会と文化』(渓水社, 2010), pp. 217-234.
Sapio, Joseph De. *Modernity and Meaning in Victorian London*. Baskingstoke: Palgrave Macmillan, 2014.
佐々井啓編,『ファッションの歴史——西洋服飾史』朝倉書店, 2003年.
Schaffer, T. and Psomiades, Kathy Alexis eds. *Women and British Aestheticism*. Charlottesville and London: Univ. Press of Virginia, 1999.
Steele, Valerie. *Paris Fashion*. Oxford and New York: Berg, 1998.
——*The Corset*. New Haven & London: Yale UP., 2001.
Stern, Radu. *Against Fashion: Clothing as Art, 1850-1930*. Cambridge, Massachusetts: MIT Pr., 2004.
Summers, Leight. *Bound to Pleasure*. Oxford: Berg, 2001.
Sykas, Philip. *The Secret Life of Textiles*. Bolton: Bolton Museums, 2005.
竹内均,『一世を風靡した実業家たち』ニュートンプレス, 2013.
Tosh, John. *A Man's Place*. New Haven and London. Yale UP., 2007.
Trotter, David. "Dickens and Frith", Bills, Mark and Knight, Vivien eds. (2006), pp, 29-40.
海野弘,『流行の神話』フィルムアート社, 1976.
Vann, J. Don and VanArsdel, Rosemary T. *Victorian Periodicals* vol. 2. New York: The Modern Language Association of America. 1989.
Vigarello, Georges. Le Propre et le Sale: L'hygiene du corps depuis le Moyen Age. 1985. ヴィガレッロ, ジョージ,『清潔になる〈私〉』同文社, 1985年.
Vincent, Susan J. *The Anatomy of Fashion*. New York: Berg, 2009.
Wagner, E. J. *The Science of Sherlock Holmes*. Chichester: John Wiley, 2006.
ワグナー, E. J.『シャーロック・ホームズの科学捜査を読む』河出書房新社, 2009年.
Wahl, Kimberly. *Dressed as in a Painting*. Durham: Univ. of New Hampshire Pr., 2013.
Watson, J. N. P. *Horse and Carriage*. London: The Sportsman's Press, 1990.
Webb, R. K. *The British Working Class Reader 1790-1848*. London: George Allan & Unwin Ltd., 1955.
Weightman, Gavin and Humphries, Steve. *The Making of Modern London*. London: Sidgwick and Jackson, 1984.
Wilson, Elizabeth and Taylor, Lou. *Through the Looking Glass*. London: BBC Books, 1989.

参考文献

雑　誌

Albrecht, Juliana. Farrell-Beck, Jane and Winakor, Geitel. "Function, Fashion, and Convention in American Women's Riding Costume, 1880-1930", *Dress* Vol. 14 (1988), pp. 56-67.

Blackman, Cally. "18th century riding habits", *Country Life* Vol. 195, Part 18 (2001), pp. 96-99.

Crane, Diana. "Clothing Behavior as Non-Verbal Resistance: Marginal Women and Alternative Dress in the Nineteenth Century", *Fashion Theory* Vol. 3 No. 2 (1999), pp. 241-268.

David, Alison Matthews. "Elegant Amazons: Victorian Riding Habits and the Fashionable Horsewoman", *Victorian Literature and Culture* (Cambridge Univ. Pr., 2002), pp. 179-210.

Foster, Irene. "The Development of Riding Costume c. 1880-1920", *Costume* Vol. 3 (1969), pp. 55-60.

Foster, Vanda. 'The Dolly Varden', *The Dickensian* (Jan. 1977), pp. 18-24.

米今由希子,「19世紀後期イギリスにおける合理服協会の衣服改革」『日本家政学会誌』Vol. 59 No. 5 (2008), pp. 313-319.

Levitt, Sarah. "'Manchester Mackintoshes: A History of the Rubberized Garment Trade in Manchester", *Textile History*. Vol. 17, (1986-1), pp. 51-69.

Nicklas, Charlotte. "One Essential Thing to Learn is Colour", *Journal of Design History* Vol. 27 No. 3 (2014), pp. 218-236.

Palmer, Caroline. "Colour, Chemistry and Corsets: Mary Philadelphia Merrifield's Dress as a Fine Art", *Costume* Vol. 47 No. 1 (2013), pp. 3-27.

Porter, Roy. "Making Faces: Physiognomy and Fashion in Eighteenth-century England," *Etudes Anglaises* No. 4 Oct-Dec. (Paris: 1985), pp. 385-396.

坂井妙子「水色のコットンドレス—スモックメーカーの1834年製のウエディングドレス」『国際服飾学会誌』1997年14号, pp. 54-66.

Swain, Margaret. "Mrs Newbery's Dress", *Costume* No. 12 (1978), pp. 64-73.

Tynan, Jane. "Military Dress and Men's Outdoor Leisurewear: Burberry's Trench Coat in First World War Britain", *Journal of Design History*. Vol. 24 No. 2 (2011), pp. 139-156.

Valverde, Mariana. "The Love of Finery: Fashion and the Fallen Woman in Nineteenth-century Social Discourse", *The Victorian Studies* Winter, 32 (1989), pp. 168-188.

図版出所一覧

表紙

George Du Maurier, 'The Dolly Varden Farewell Kiss', *Punch* (14 Oct. 1871), p. 161.

口絵

1 Walker Art Gallery, Liverpool 蔵　Museum no. 未整理.

2 Walker Art Gallery, Liverpool 蔵　Museum no. 57. 211. 19.

3 Cover page of Hunt, G. W. 'Dolly Varden' in *Hunt's Popular Song* (London: Weippert & Co., 1871).

4 Harris Museum and Art Gallery, Preston 蔵 Museum No. co104.

第一章

図 1-1　Merrifield, Mary Philadelphia. "The Harmony of Colours", *The Crystal Palace Exhibition Illustrated Catalogue* (London, 1851), III-IV.

第二章

図 2-1　'Clothes and the Man' (London: Grant Richards, 1900), n. p.

図 2-2　'The Adventures of Sherlock Holmes. Adventure IV—The Boscombe Valley Mystery', *The Strand* (London. 1891), p. 401.

図 2-3　The Rainproof Chesterfield', *Minister's Report of Fashion* (Aug. 1910), p. 7.

図 2-4　National Portrait Gallery, London 蔵.

図 2-5　' Belted Ulsters', *Minister's Report of Fashion* (Feb. 1918), p. 8.

図 2-6　'The Adventures of Sherlock Holmes. Adventure IV—The Boscombe Valley Mystery', *The Strand* (London. 1891), p. 407.

図 2-7　'The Adventures of Sherlock Holmes. Adventure VII—The Adventure of the Blue Carbuncle', *The Strand* (London. 1892), p. 81.

第三章

図 3-1　*The Woman's World*, II (1889), p. 232.

図 3-2　*The Tailor and Cutter* (2 Jull. 1903), p. 407.

図 3-3　"Mr. Montague Smyth, 22-24, Monmouth-Road, Westbourne-Terrace, W", *The Queen* (Feb. 10, 1917), p. 200.
図 3-4　Davies, J. F. *The Tailor and Cutter Students' Guide to the Cutting of Ladies' Garments, as Made by Tailors* (London: J. Williamson, 1887), Fig. 3.
図 3-5　"Equitation for Ladies—Preparing to Mount", *The Queen* (10 Feb. 1872), p. 85.
図 3-6　Vincent, W. D. F. *The Cutters' Practical Guide to the Cutting and Making of All Kinds of Trousers, Breeches and Knickers* (London: The John Williamson Co. Ltd, c1920), p. 29.
図 3-7　Staffe, Baroness. *The Lady's Dressing-Room* (London: Old House Books, 1892), p. 381.
図 3-8　'Scenes from the Life of an Officer's Wife in India', *The Graphic* (5 Mar. 1892), p. 316.

第四章

図 4-1　Stanley, Liz. *The Diaries of Hannah Cullwick* (London: Virago, 1984).
図 4-2　"Servants of the Wrong Sort", *The Graphic: An Illustrated Weekly Newspaper* Vol. Xviii No. 473 (21 Dec. 1878), pp. 628-629.
図 4-3　Carte de visite (1889) 個人蔵.
図 4-4　Walker Art Gallery, Liverpool 蔵 Museum No. 1967. 187. 207.
図 4-5　Walker Art Gallery, Liverpool 蔵.
図 4-6　'Advertisement', *The Englishwoman's Domestic Magazine* (Oct. 1868).

第五章

図 5-1　Harden, Rosemary and Turney, Jo. *Floral Frocks* (Suffolk: Antique Collectors' Club, 2007).
図 5-2　George Du Maurier, 'The Dolly Varden Farewell Kiss', *Punch* (14 Oct. 1871), p. 161.
図 5-3　W. P. Frith, 'Dolly Varden' (1842) Victoria and Albert Museum, London 蔵.
図 5-4　Cunnington, Phillis and Phillipson, Barbara. *Handbook of English Costume in the 18th century* (London: Faber and Faber Ltd., 1964), p. 282.
図 5-5　'Scarborough in the Season', *The Illustrated London News* (14 Nov. 1871) 個人蔵.
図 5-6　'Advertisements', *The Queen* (25 Jul. 1874), n. p.
図 5-7　'Representing a Dolly Varden Costume', *The Queen* (15 Jun. 1872), p.

440.

第六章

図 6-1　“Advertisements”, *The Queen* (1 Jul. 1882), n. p.
図 6-2　“The Height of Aesthetic Exclusiveness”, *Punch* (1 Nov. 1879), p. 198.
図 6-3　“Artistic Dresses for Ladies and Children”, *The Queen* (20 Feb. 1886), p. 193.
図 6-4　“No. 7 Dress in Turkish Embroidery”, *The Queen* (30 May 1887), p. 666.
図 6-5　“Shopping in London” *The Woman's World* II (1889), p. 4.
図 6-6　Victoria and Albert Museum, London 蔵. Museum No. T. 273-1972.

初出一覧

大幅に加筆修正したものを含む.

第一章

「ヴィクトリア朝期におけるイギリス人のファッションセンス――ミドルクラスと「自己抑制」の重要性」『日本家政学会誌』Vol. 65 No. 1 (2014), pp. 13-20.

「19 世紀後半のイギリスにおけるミドルクラスの色彩コンプレックスとその克服法」『日本家政学会誌』Vol. 65 No. 10 (2014), pp. 569-573.

第二章

「防水性コートの発達に見る新しいダンディズム：シャーロック・ホームズ作品を例に」『日本家政学会誌』Vol. 67 No. 12 (2016), pp. 673-681.

第三章

"Conceptualizing Riding Habits in the Late Victorian and Edwardian Periods: The Emergence of Middle-class Horsewomanship in Britain", *Journal of Home Economics of Japan* Vol. 66 No 12 (2015), pp. 603-614.

第四章

「ヴィクトリア朝イギリスにおける，あるメイドのファッション，ジェンダー，職業観」『日本家政学会誌』Vol. 69 No. 3 (2018), pp. 160-168.

第五章

"The 'Dolly Varden' Polonaise at The Seaside: A Fashion Revival in the early 1870s", *The Dickensian* Winter (2018), pp. 1-10.